ディズニー
サービスの神様が
教えてくれたこと

Whatever Is Important in Service,
Disney's Guests Taught Me

鎌田 洋
Kamata Hiroshi

与えることは最高の喜びなのだ。
他人に喜びを運ぶ人は、
それによって、
自分自身の喜びと満足を得る。

――ウォルト・ディズニー

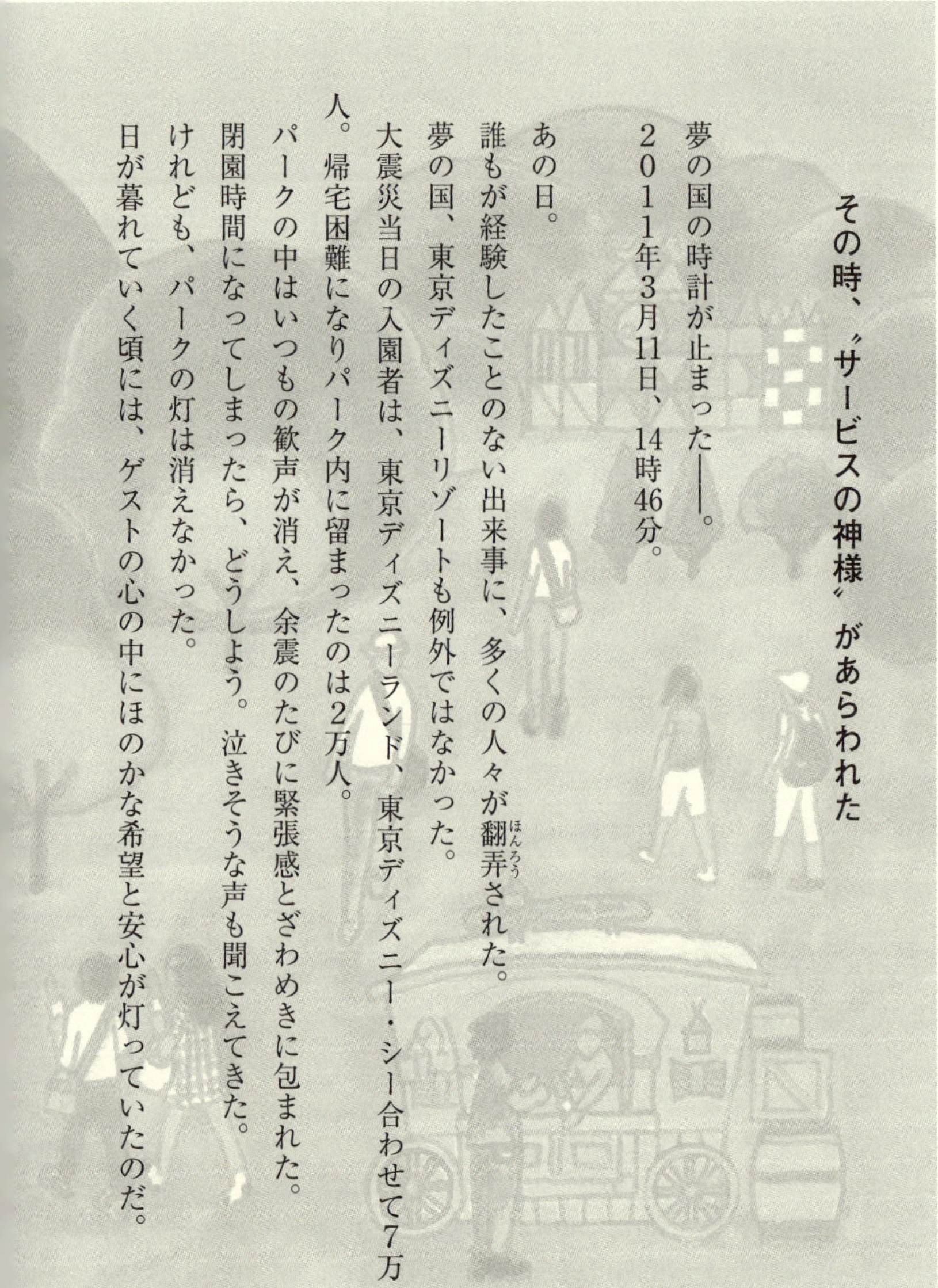

その時、〝サービスの神様〟があらわれた

夢の国の時計が止まった——。
２０１１年３月11日、14時46分。

あの日。

誰もが経験したことのない出来事に、多くの人々が翻弄《ほんろう》された。

夢の国、東京ディズニーリゾートも例外ではなかった。

大震災当日の入園者は、東京ディズニーランド、東京ディズニーシー合わせて７万人。帰宅困難になりパーク内に留まったのは２万人。

パークの中はいつもの歓声が消え、余震のたびに緊張感とざわめきに包まれた。

閉園時間になってしまったら、どうしよう。泣きそうな声も聞こえてきた。

けれども、パークの灯は消えなかった。

日が暮れていく頃には、ゲストの心の中にほのかな希望と安心が灯っていたのだ。

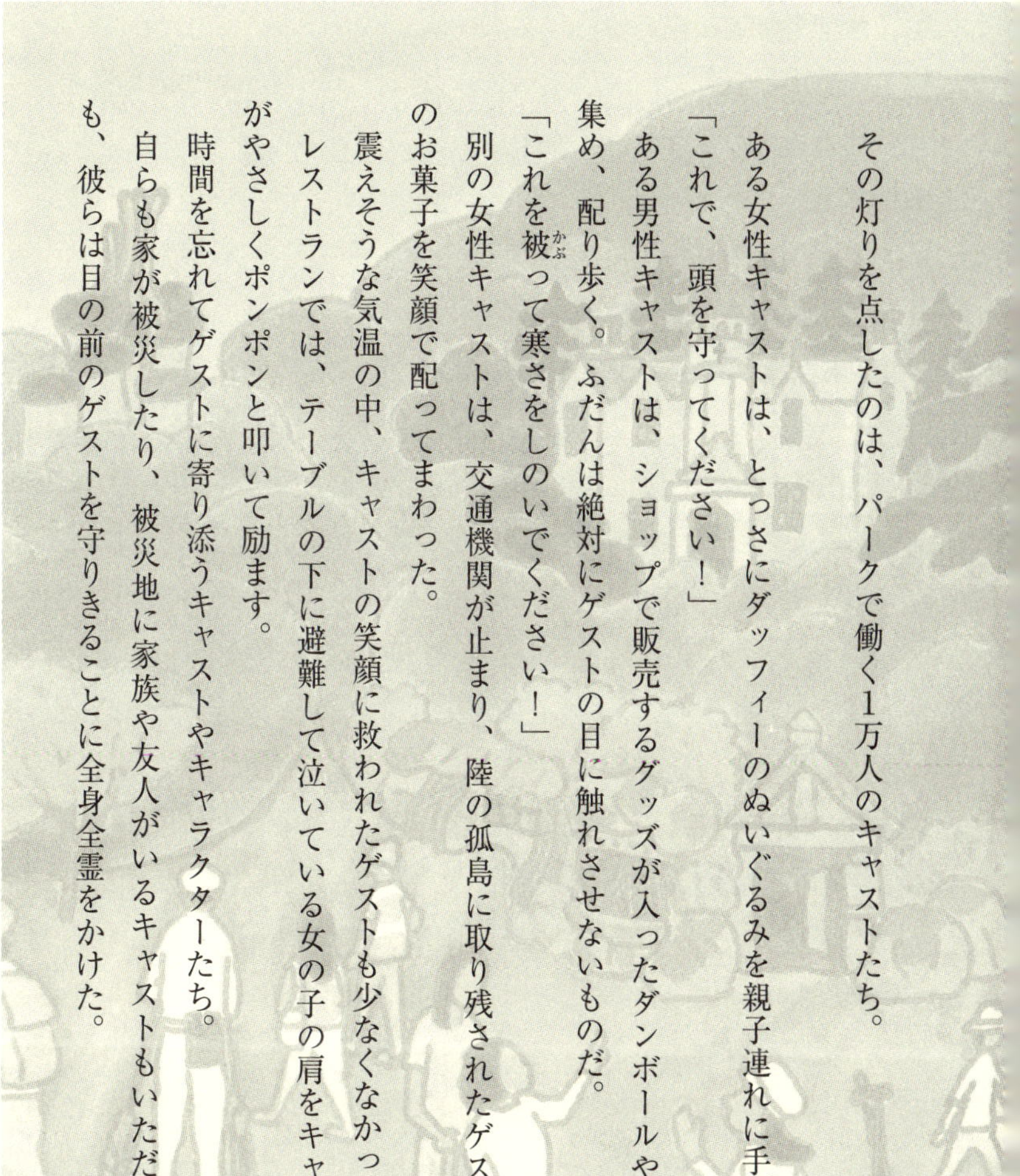

その灯りを点したのは、パークで働く1万人のキャストたち。

ある女性キャストは、とっさにダッフィーのぬいぐるみを親子連れに手渡した。

「これで、頭を守ってください！」

ある男性キャストは、ショップで販売するグッズが入ったダンボールやゴミ袋をかき集め、配り歩く。ふだんは絶対にゲストの目に触れさせないものだ。

「これを被《かぶ》って寒さをしのいでください！」

別の女性キャストは、交通機関が止まり、陸の孤島に取り残されたゲストにショップのお菓子を笑顔で配ってまわった。

震えそうな気温の中、キャストの笑顔に救われたゲストも少なくなかった。

レストランでは、テーブルの下に避難して泣いている女の子の肩をキャラクターたちがやさしくポンポンと叩いて励ます。

時間を忘れてゲストに寄り添うキャストやキャラクターたち。

自らも家が被災したり、被災地に家族や友人がいるキャストもいただろう。それでも、彼らは目の前のゲストを守りきることに全身全霊をかけた。

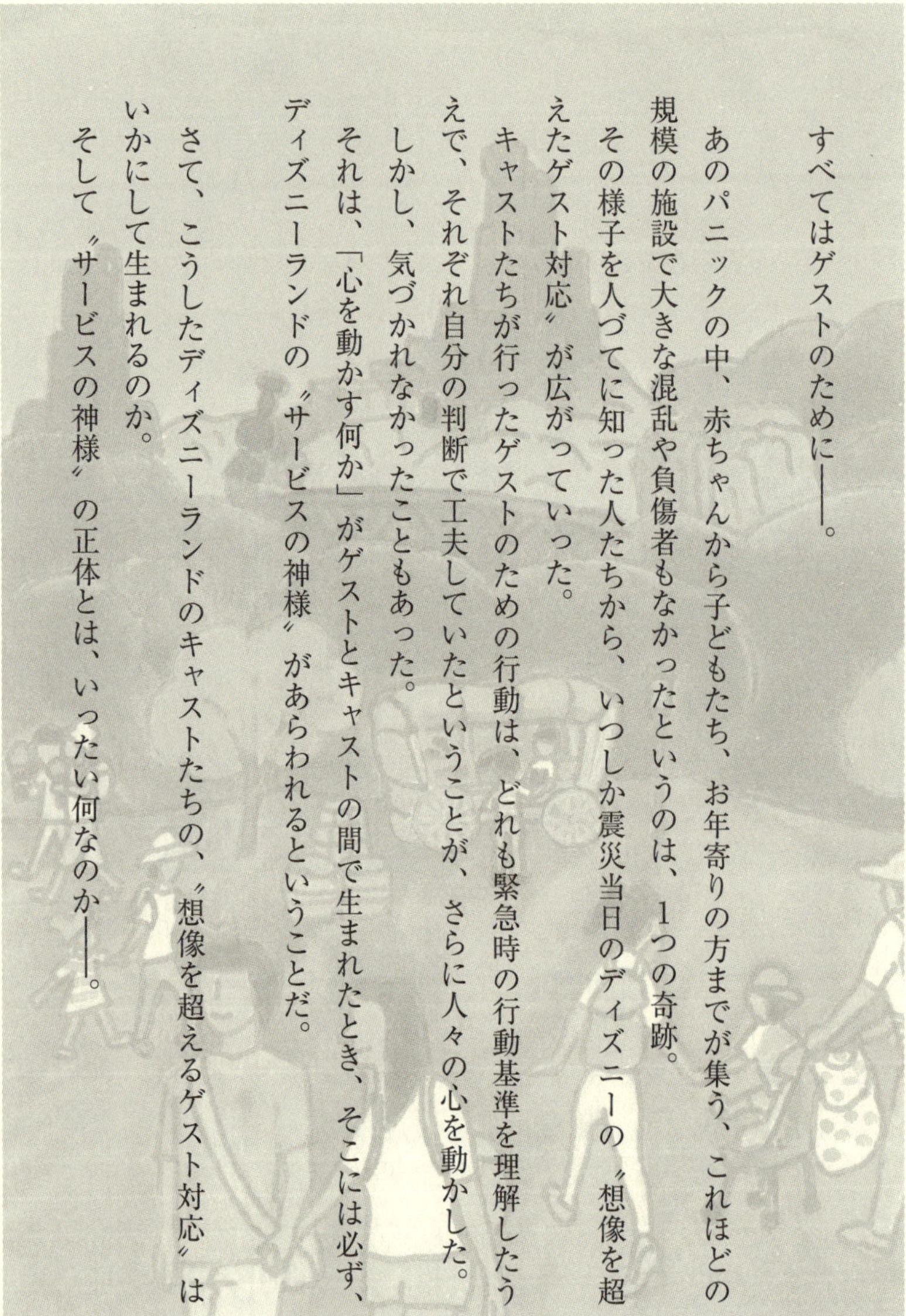

すべてはゲストのために――。

あのパニックの中、赤ちゃんから子どもたち、お年寄りの方までが集う、これほどの規模の施設で大きな混乱や負傷者もなかったというのは、1つの奇跡。

その様子を人づてに知った人たちから、いつしか震災当日のディズニーの〝想像を超えたゲスト対応〟が広がっていった。

キャストたちが行ったゲストのための行動は、どれも緊急時の行動基準を理解したうえで、それぞれ自分の判断で工夫していたということが、さらに人々の心を動かした。

しかし、気づかれなかったこともあった。

それは、「心を動かす何か」がゲストとキャストの間で生まれたとき、そこには必ず、ディズニーランドの〝サービスの神様〟があらわれるということだ。

さて、こうしたディズニーランドのキャストたちの、〝想像を超えるゲスト対応〟はいかにして生まれるのか。

そして〝サービスの神様〟の正体とは、いったい何なのか――。

はじめに――〝サービスの神様〟の正体とは

これから始まる物語は、みなさんを、これまで見たことも、聞いたこともないディズニーの「サービスの神様」の世界にお連れします。

本書は、東京ディズニーランドの初代ナイトカストーディアル（夜間の清掃部門）・スーパーバイザーとして、ディズニーのクオリティサービスを実践し、その後、ディズニー・ユニバーシティ（教育部門）にて全スタッフの育成指導に携わった私の体験を元にした「おもてなし」にまつわる不思議な物語です。

前作『ディズニーそうじの神様が教えてくれたこと』では明かされなかった、リピート率9割以上を誇る「ディズニーランドのサービスの秘密」が解き明かされていきます。

日本でいちばん顧客満足度が高いと言われる「東京ディズニーランド」。

パークを訪れたことのある人なら、誰もが〝ディズニー〟という言葉を見聞きしただけで、なんだか心が浮き立つような、そして温かい気持ちに包まれるような不思議な感覚を覚えるでしょう。

けれども、それが「なぜ」なのか。

その秘密を解き明かした人は、ほとんどいません。キャストやキャラクターたちのもてなしと笑顔。そしてアトラクションやパークの隅々にまで行き渡っているゲストを楽しませる仕掛け。

そういった「サービス」の一つひとつが、事細かく記された分厚いマニュアルがあるのだろうと信じている人も多いかもしれません。

ところが、ディズニーランドでは「実務的なオペレーションのマニュアル」や、すべての考え方や行動の基本となる「哲学（ディズニー・フィロソフィー）」は存在しても、こんなサービスでゲストを喜ばせなさい、という「おもてなしノウハウ集」をキャストが持ち歩いているわけではないのです。

では、いったい、何がディズニーランドの、あの何度も訪れたくなるような「夢と魔法の世界」を創り出しているのでしょうか。実は……。

ディズニーランドには『サービスの神様』がいて、その神様はキャストとゲストが出会う場所に、必ずあらわれるのです。

まさか!?　いえ、そのまさかは、ディズニーの世界を知る者には「当然」のことと言ってもいいでしょう。これから始まる物語にも、必ずサービスの神様が、様々な形を借りて姿をあらわしています。

パークで大震災を経験したゲストはこう言いました。「あの日、ディズニーランドで夜を明かしたキャストとゲストは、何かに見守られた1つの大きな家族のようでした」。

『自分のためにつくろうとするな。お客様が求めるものを知り、お客様のためにつくるのだ』

――ウォルト・ディズニー

このウォルトの教えどおり、ディズニーのキャストたちは、その笑顔と同じ数だけ、ゲストの望むものを叶えようとしています。

そして、その「ゲストロジー」（※ディズニーの造語）と呼ばれるディズニー独特の徹底した顧客理解のための調査・活動・行動は、ときにサービスの神様と一緒になって〝奇跡〟を連れてくるのです。

「オレンジ色のラブレター」「迷子の良心」「色あせたチケット」「希望のかけ橋」。

これら私の体験を元に創られた4つの物語の中に、サービスの神様は本当にいる！

この本を読み終えた方の心には、きっと、そんな小さな、けれども確かな気持ちが芽生えているはずです。

それでは、早速みなさんを「サービスの神様のふしぎな物語」の世界へ、おもてなしすることにしましょう。

2012年6月

鎌田　洋

目次

第1話

オレンジ色のラブレター

それは、ひまわりのような太陽が、空で輝く夏だった。

ディズニーランドに勤めて1カ月の女性キャスト（従業員）が、ある重大なミスをおかしてしまった。

しかし、通常の仕事であれば「ミス」と言われないほどの些細《ささい》な失敗である。

いや、失敗と気づかず「よくあること」として受け流されるかもしれない。

けれども、夢の国 ディズニーランドでは、見逃すことのできない重大なミスだったのだ。

1989年　8月2日

その日は、真夏にしては涼しい風が吹く午後だった。

デイカストーディアル（開園中の清掃員）のスーパーバイザー（管理者）を務める僕は、新人社員を始め、アルバイトの子の指導もしている。

アルバイトとはいえ、ディズニーランドではすべての従業員のことを「キャスト」

と呼ぶ。

なぜなら、従業員はパークという名の舞台を作り、そして演じ、ゲスト（お客さま）に夢を与える役割だからだ。

まさにエンターティナーともいえるキャストを育てるべく、ディズニーランドでは新人アルバイトの教育にも手を抜かない。

今日でアルバイト1カ月目となる竹内真由《まゆ》は、今年の春に短大を卒業したばかりの初々《ういうい》しいキャストだ。仕事の呑《の》み込みも早く、カストーディアルの仕事にもすぐに慣れ、覚えたことを着実に実行する真面目なキャストである。

彼女は、幼い頃に両親を事故で亡くし、今は祖父と2人暮らしをしているとのこと。

温かい家庭に憧れ、笑い声の絶えないところで働くことを望み、ディズニーランドに勤めることを決めたそうな。

そんな彼女が、涼しい風の中を走り抜け、僕のところまで駆け寄ってきた。


「金田さん、昨日はありがとうございました！」

「昨日？」

「はい！　金田さんが、『念のため覚えておくといいよ』と言ってくださった舞浜駅《まいはま》の終電時間を、早速ゲストに聞かれたんです」


僕たちカストーディアルの主な仕事は、パークを安全かつ清潔に保つための清掃だが、ゲストに呼び止められ、質問を受ける機会も多い。

そのため、ディズニーランドの最寄り駅である「舞浜駅」の終電時間も覚えておくよう、昨日アドバイスしたばかりだった。

「そうでしたか、それは大きなやりがいを感じたでしょう?」

「はい! ゲストとの会話も弾み、とても楽しかったです」

笑顔で答える彼女を見ていると、僕自身も指導に対して大きなやりがいを感じる。

しかし、終電時間を即答《そくとう》できた真由だが、実はこの時、彼女は大きなミスをおかしていたのだ。

そのことに、僕も彼女もまだ気づいていなかった。


――1カ月前――


この春、短大を卒業した私は、既に2つのアルバイトを辞めた。

1つ目はファストフードで、2つ目はカラオケボックスの受付。

どちらも接客なのだが、なんとなく自分には向いていない気がして、辞めてしまった。

「真由、次の仕事は決まったのか？」
「おじいちゃんには関係ないでしょ」
「関係ないわけないだろう！　おじいちゃんは、お前の父親代わりをずっとしてきたんだ。やっと短大を卒業できたかと思ったら、就職もせずフラフラとして……」

幼い頃、事故で両親を亡くした私は、母の両親に育てられ、祖父と祖母の3人で暮らしてきた。

祖母は、私が中学1年の時に他界し、それからは目の不自由な祖父と2人で生活しているのだが、そんな祖父は職人気質で厳格な人間のため、私のやることなすこと口を出してくる。

「うるさいなぁ……今までのバイトは、たまたま私に向いてなかっただけだよ。それに、もう次のバイトだって決まってるし」

「次のバイト……？」

「そう、ディズニーランドだよ」

「デズニー……ランド？」

「『ディ』ズニーランドね。日本で一番大きな遊園地よ」


幼い頃、父が亡くなる前に一度だけ遊園地へ連れて行ってもらったことがあるのだが、にぎわう声や可愛いキャラクターなど、とても楽しいひとときだった。

父に買ってもらったポップコーンを、全部こぼしてしまって泣いた記憶もある。

その時、私の手をぎゅっと握ってくれ、もう1つ買ってくれた。父の手がとても温かくて、私は心の底から幸せを感じたのを覚えている。

そんな幸せな空間で働けたら……と思い、ディズニーランドで働くことにしたのだ。

「おじいちゃん、心配しなくて大丈夫。きっとディズニーランドなら、私に向いてると思うから」

「お前に向いているというのは、どういうところが向いていると思うんだ？」

「もう……うるさいなぁ」

「真由、お前はいつからそんな口応えを……ばあさんが生きている頃は、そんなんじゃなかったじゃないか」

「おばあちゃんが生きてる頃は、おじいちゃんだってそんなに口うるさくなかったじゃない！　それに、おばあちゃんが死んじゃったのは、おじいちゃんが苦労かけたからでしょ」

「……！」


私は、少々言い過ぎたかな……と思った。

でも、大好きだった祖母が他界してしまったことを思い出すと、今でも涙が出てくる。

今年で80歳になる祖父は、小さな町工場を営んでいた。ネジを加工したり、メッキを塗ったりする小さな工場なのだが、機械の油臭さが私は苦手で、あまり工場には行かなかった。

そして優しかった祖母は、並々ならぬ苦労をしつつ、祖父のことを支えていたのだ。

蒸し風呂のように熱い工場の中では、朝から夕方まで肉体労働をこなし、化学反応で出る異臭によって頭痛や吐き気を訴える日もあった。それだけ体にムチ打っていたにもかかわらず、工場の仕事を終えたあとは、夕飯の支度や風呂の準備など、家事にも一切《いっさい》手を抜くことなくがんばっていたのだ。

小さかった私はいつも2人を家で待っていたのだが、寂しくなると祖母に会いに工場へ行ったりもした。

そんなある日、工場の中を走り回っていた私は、花瓶を倒してしまい、祖父にひどく叱られたことがあった。機械は、一滴でも水がかかると錆《さ》びてしまうため、雷が落ちたかのように叱られたのだ。

それ以来、祖父の工場にはよほどの用事がない限り行かなくなった。

そして、祖母が亡くなってから、祖父の視力は徐々に落ち始め、今ではわずかに光が感じられるほどになってしまった。

目が不自由になってからは、より一層口うるさくなった祖父が、私はわずらわしく感じてきた。

おばあちゃんが生きていてくれれば……と、何度悔やんだことか。

だから祖母の話が出ると、つい祖父を責めてしまう。

傷つけているのは分かっていても、気持ちがついていけない……。

1989年　8月2日
そして、ディズニーランドに勤めて今日で1カ月目。
おおよそのマニュアルを頭に叩き込んだ私は、ゲストからの質問が徐々に楽しみとなってきた。

すると、40代と思われるご夫婦に呼び止められた。

「ねぇ、ちょっと」

「はい、こんにちは！　何でしょう？」

「あの……変なこと聞いてごめんなさいね。東京方面の舞浜駅の終電って、何時か分かります？」

「舞浜駅の終電……ですか？」

私は「やった！」とガッツポーズを取った。

なぜなら、舞浜駅の終電については、スーパーバイザーの金田に「覚えておくといいよ」と言われ、昨夜暗記したばかりだったからだ。

テスト前に予習していた問題が、ズバリ出たかのような喜びを感じた私は、ここぞとばかりに張り切って答えた。

「お客さま、東京方面の舞浜駅の終電は、0時32分でございます」

「まぁ、助かるわ。そんなことまで答えられるのね。主人が、帰りは夜景の見えるレストランで食事しようだなんて言うもので……。駅を降りた時、時刻表をもらっておけばよかったんだけど、忘れてしまって……」

「ご遠慮なく何でも聞いてください」

「ありがとう。娘にディズニーランドのチケットをプレゼントされて、年甲斐《としがい》もなく来てしまったけど、本当に楽しませていただいているわ」

「それは良かったです。まだまだ時間はたっぷりございます。どうぞお楽しみくださ い!」


終電の時間を即答できたことを始め、ゲストとの会話が弾んだことに、やりがいを感じた。

そして、このことをスーパーバイザーの金田に報告すべく、私は駆け寄って行った。

「金田さん、昨日はありがとうございました！」

「昨日？」

「はい！　金田さんが、『念のため覚えておくといいよ』と言ってくださった舞浜駅の終電時間を、早速ゲストに聞かれたんです」

「そうでしたか、それは大きなやりがいを感じたでしょう？」

「はい！　ゲストとの会話も弾み、とても楽しかったです」


しかしこの時、私は大きなミスをおかしていることに気づいていなかった。


翌日の夕方、私の無線が鳴った。

「(また迷子の知らせかな……)」と思いつつ、口元の小さなマイクに返事をした。

ディズニーランドでは、現実感を出さないため、迷子のアナウンスを行わないことになっている。各キャストが身に付けている無線を通じて連絡を取り合い、迷子に限らず各トラブルに応じた対策を立てるのだ。

しかし、私が受けた連絡は、迷子の知らせでもなければ、アトラクションのトラブルでもなかった。スーパーバイザーの金田から、すぐにゲストリレーションへ来るよう命じられた。

「ゲストリレーション……ですか？」

「そうだよ、場所は分かるね？　すぐに来てくれるかい？」

「は、はい……」

ゲストリレーションとは、お客さまの声や問い合わせなど、ゲストに関わるすべてと交わる部署で、ディズニーランドの心臓部といっても過言ではない。

そこから呼び出されたということは、自分が関わったゲストとのことで何か聞かれるのかもしれない……。

そしてゲストリレーションへ入ると、金田が「こっちこっち」と打ち合わせ室から手招きしてきた。

「お仕事中にごめんよ。ちょっと問題が起きてね。一応、真由さんに確認させてもらおうと思って来てもらったんだ」

「確認……ですか？」

「そう。昨日、ご夫婦に舞浜駅の終電を聞かれたと言ってたよね？」

「あ……はい、聞かれました。でも私、ちゃんと答えられたと思います」

「ああ、舞浜駅の終電は間違ってなかったんだけどね、乗り換えの駅の終電が間に合わなかったらしく、そこから家までタクシーで帰られたそうなんだ」

「そんな……！　そんなこと言われても困ります！　私が聞かれたのは舞浜駅の終電でしたし……」

言われてみれば、舞浜駅は去年開業したばかりの新しい駅で、東京方面は2つ先の「新木場駅」までしか繋がっていない。でも、それより先まで行くのなら、最初からそう言えばよかったのに……。

「確かに、真由さんが聞かれたのは舞浜駅の終電だったかもしれない。でも、ゲストが目的地まで辿《たど》り着くことを願うのも、キャストの仕事なんじゃないかな。だから、もうあと一歩先を聞いて差し上げれば、ゲストは最後まで楽しいひとときを過ごせたかもしれない。最後の最後でガッカリさせてしまっては、僕らも残念な気持ちになるだろう?」

「そうかもしれませんけど……マニュアルには、そんなこと書いてありませんでした」

「ああ、その通り。マニュアルには書いてない。ただ、そもそもおもてなしにマニュアルなんてないんだ。一人一人の顔が違うように、おもてなしも相手によって一つ一つ違うんだよ」


金田の言っていることは分かる。

しかし、具体的にどうしたらいいのかが分からない。そもそも、ゲストは文句を言うために電話をかけてきたのだろうか。

「でも、それってクレームじゃないですよね？　タクシー代を請求されたわけでもないですし……」

「そうだね、確かにクレームではないかもしれない。ただ、文句じゃないからといって、ゲストの声を無視することもできないんだ。なぜなら、ゲストは〝サービスの神様〟だから」

「サービスの……神様？」

「そう、サービス業に携わっている僕たちにとって、ゲストの声は『成長できるチャンス』をもらっているのと同じなんだ」

「私には……そんなふうに考えることはできません」

「今はまだそうかもしれない。でも、ゲストの声を聞き、おもてなしについて学んでいくうち、真由さんはきっと大きく成長すると思う。この仕事を、心から『やってて良かった』と思える日が来ると思う」

「やっぱり……無理です。たぶん、私はサービス業に向いてないいんだと思います」

こうして私は、３つ目のアルバイトであるディズニーランドを、たったの１カ月で辞めてしまった。

でも、今回の問題は本当に私が間違っていたのだろうか。ゲストからの質問を片っ端から答えていたら、キリがないんじゃないだろうか。ましてや、質問されたこと以上のことを答えるなんて、私には到底真似できないし、そこまでする必要もないと思う。

ここならきっと、自分に向いていると思ったのに……。

コスチュームを脱ぎ、パークの外へ出た瞬間、祖父の怒る顔が脳裏をよぎった。

1974年　7月

妻と2人で小さな工場を営み始めて20年目の初夏、娘夫婦が事故にあったという連絡を受けた。

すぐに駆けつけた病院では、絶望という名の現実が俺たち夫婦を襲った。しかし、悲嘆《ひたん》に暮れてばかりいられなかった。なぜなら、最悪な事態ではあったが、5歳になる孫の真由は一命を取り留めていたからだ。

60代半ばの俺たち夫婦に、こんな小さな子を残して逝ってしまうとは……俺たちにこの子を育てることができるのだろうか。しかし、俺たちが育てなければ、この子は施設へ連れて行かれ、いずれは見知らぬ家へ里子に出されるだろう。

妻は、迷わず真由を受け入れると言ったが、正直、この年でこんな小さな子を育てる自信など俺にはない。ましてや、両親の死をなんて説明したらいいんだ……。

「おじいちゃん、パパはいつむかえにきてくれるの？　ねぇ、ママはぁ？」

まだ何も知らない真由は、澄んだ瞳で俺を見上げる。

「おじいさん、私たちの孫なんだから、私たちらしく育てればいいんじゃないかしら？」

「まぁ、そうだな……」


小さな町工場だが、この子1人を食わすことくらいできる。

俺たち夫婦は、真由を自分たちの手で育てることを決意した。

そんなある日、幼稚園から帰って来た真由が、工場を走り回って遊んでいた。

もしも機械に指でも挟《はさ》んだら、大ケガをさせてしまう。そんな心配を抱いた次の瞬間、妻が飾っていた花瓶を真由が倒した。


「こら！　真由！　工場の中で走り回るんじゃない！」

「おじいさん、そんなに怒らなくたって……」

「だったら、こんなところに花なんて飾るんじゃない！　何度言ったら分かるんだ。工場に花なんか飾ったって、何の意味もないだろう！」


殺風景な工場なんかに花を飾る妻の気持ちが、俺には全く分からなかった。

それからしばらく経った深夜、ふと目を覚ますと、隣で寝ている真由が「パパ……ママ……」と、亡き両親を泣きながら呼んでいるのを見てしまった。

いつしか「パパは？　ママは？」と聞かなくなった真由だったが、心のどこかで二度と会えないことを察しているのかもしれない。

たった5歳で、突然両親を亡くすなんて、かわいそうに……。

思わず、俺は真由を抱きしめた。

せめて一緒にいる時くらいは、寂しい思いをさせたくない。

「真由、泣かなくていいよ。おじいちゃんがいるよ。今度の休み、おじいちゃんとどこかへ出かけようか」

すると真由は、「ゆーえんち！　ゆーえんちにいきたい！」と、無邪気に答えてきた。

そして次の休み、真由の望む通り、俺は遊園地へ連れて行ってやることにした。

遊園地当日、いつも真由の世話をしている妻にも、たまには休ませてやらねばと思い、今日は俺1人で真由を連れて来た。

しかし、それは甘い考えだったと、入場してすぐに気づいた。


「おじいちゃん、おじいちゃん、のどかわいた。おじいちゃん、おじいちゃん、ポップコーンたべたい」


5歳の子どもを育てるというのは、こんなにも労力がかかるものだっただろうか。

遠い昔を思い出しつつ、俺はポップコーンを買ってやった。

しかし、真由は心の底から楽しんでいる。

うちに来てから、こんな楽しそうな顔を見たのは初めてだ。遊園地に連れて来て、本当に良かったと思った。

ホッと胸を撫で下ろしたのも束《つか》の間《ま》、真由が買ったばかりのポップコーンを、床にばらまいてしまった。

案の定、真由は泣き叫び、俺に抱きついてきた。そして、泣きながら「パパ、パパ」と言っている。

父親が生きている頃、泣いた時にこうして抱きしめてもらっていたのだろう。恋しい気持ちから、俺を父親だと思っているのかもしれない。いや、もしかしたら……遊園地へ行けばパパとママに会えると思ったのだろうか。事故にあったその日も、遊園地へ向かう途中だったという。

それにしても、うちに来てからこの子を泣かせてばかりだ。

ようやく泣きやんだ真由に、新しいポップコーンを買ってやり、もみじのように小さな手をぎゅっと握りしめた。

そして、絶対にこの子を守ってみせると、俺は改めて決心した。

1989年　8月4日

たったの1カ月でディズニーランドを辞めてしまった翌日、私は祖父に辞めたことを言えないまま、「行ってきます」とアルバイトに行くフリをして玄関を出た。

行く当てもなく、近所の公園で時間を潰していると、白い杖《つえ》を持った祖父が1人で歩いているのを見つけた。


「(おじいちゃん……？　どこへ行くんだろう？)」


時刻は、午後3時を過ぎている。

夕方前から出かけることなんて、最近なかったのに……。

私は、祖父に気づかれないよう後をつけることにした。

すると、最寄り駅の改札で駅員さんと何やら話している。

話し終わると、券売機で点字を追いながら切符を買い、改札を入って行った。

私は、急いでバッグから定期券を取り出し、祖父を追った。

祖父が隣町の病院へ通っていた頃は、杖を片手に1人で電車に乗ることもあったが、70歳を過ぎてからは近所の病院へ移ったため、電車に乗る機会はなかったはず。

そんな祖父が、いったい1人でどこへ行くというのだ……。

そこから5つ目の駅で降りた祖父は、黄色い歩道をゆっくりと歩きながら、違う線の電車に乗り換えた。


「(まさか……)」


その経路は、私がこの1カ月通った経路と同じである。

祖父は、私が勤めていたディズニーランドへ行くつもりなのだろうか。いや、でも何のために?

そういえば、前にこんなことがあった。

高校1年の夏、私が生まれて初めてアルバイトをした日の夜、夕食を食べている時に「声が小さかったぞ、真由」と一言いわれたのだ。

初めてのアルバイトは、祖父の知人が営むガソリンスタンドだったのだが、おそらく陰から見ていたのだろう。私はその時、「子ども扱いしないでよ！」と怒ったのを覚えている。

とはいえ、今や光も十分に感じられない状態で、私が働いている姿を確認しようだなんて……いくらなんでも考えられない。

ましてや、あんなに広いパークの中でたった1人の人間を見つけることなど不可能に近い。

しかし、私の予想は適中した。

祖父はディズニーランドの最寄り駅である「舞浜駅」で電車を降り、たどたどしい足取りで改札を抜けた。

私は、声をかけるべきか悩んだ末、もう少し様子を見てみることにした。

舞浜駅から券売窓口までは、若くて親切なカップルに誘導されながら辿り着いた祖父。けれど、チケットを購入しようとして財布を出した瞬間、バラバラッと小銭が床に落ちてしまった。おそらく、駅で切符を買った際、財布のチャックがきちんと閉まっていなかったのだろう。

床にしゃがみ、落とした小銭を手探りで探す祖父を見ていて、私は声をかけずにいられなかった。

「おじいちゃん！」

「その声は……真由か？」

「うん、どうしたの？　大丈夫？」

「ああ、まさかお前に会えるとは思ってなかった」

「会えると思ってないのに、何で来たの？」

「お前がどんなところで働いているのかを見に来ただけだ」

「働いているのを見に？　目が見えないのに？」

「ああ、目が見えなくても、視覚以外の感覚でどんな空間か、どんな人間が働いているかを感じることはできる。それより真由、お前は仕事中だろう？　おじいちゃんのことはいいから、早く戻りなさい」

「……大丈夫。今ね、先輩と一緒にいたんだけど、おじいちゃんに付き添ってあげなさいって先輩が言ってくれて……それで声をかけたの」

そんな私の嘘を、疑うことなく信じた祖父は、「そういうことなら」と言い、しゃがんでいた床から立ち上がった。

「おじいちゃん、ベンチで待ってて。おじいちゃんの分のチケット買ってくるから」

祖父をベンチへ誘導し、私は再び券売窓口に戻った。そして、こっそり2人分のチケットを購入した。

まさか、辞めて早々に自分がゲストとして訪れるとは……。

複雑な心境のまま、私は祖父と入園した。

すると、ゲートを抜けてすぐにキャラクターたちが、祖父の目の前まで寄って来た。

そして祖父の手を取り、自分の鼻や頬を触らせている。白い杖を持っていることから、目が不自由であることを察し、感覚で形を認識してもらおうとしているのかもしれない。

「(おじいちゃんにそんなことしたら、怒り出すんじゃ……)」

融通《ゆうずう》のきかない性格ゆえ、むやみにそんなことをしたら不快に思うのではないかヒヤヒヤしたものの、祖父の顔からは笑みがこぼれていた。

それは、久々に見る祖父の笑顔だった。

さらに、行くところ行くところキャラクターが寄ってきては祖父の手をぎゅっと握ったり、自分の鼻や帽子を触らせたり……目の見えない祖父でも、愛らしいキャラクターを触覚で認識し、触れ合うことを楽しめている。

また、段差の手前では、キャストが素早く手を取ってくれるなど、まるでパーク全体に支えられているかのようだ。

何より、祖父が不安を感じることなく楽しんでいる。

子どもたちの笑い声、アトラクションの効果音、甘い香りが漂う空気、それらすべてが歓迎してくれているかのように感じた。

パーク内をしばらく歩き、空腹を感じた私たちは、近くのレストランへ入った。

そこでまた、私はディズニーランドの本当の姿を目の当たりにした。

レストランでは、目の見えない祖父にさりげなく点字のメニューを差し出してくれたり、食器を手に取りやすい位置に置いてくれたり、祖父が言っていた「視覚」以外の4感（聴覚・触覚・味覚・嗅覚《きゅうかく》）でも十分に楽しめている。

すると、祖父は手にしていたフォークを皿に置き、こう言った。


「真由、お前がここを選んだわけが、少し分かった気がするよ」

「私がここを選んだ理由？」

「ああ、お前は昔から〝温かい家庭〟に憧れていたからなぁ。ここは、とても温かい。子どもたちの笑い声、にぎわう空気、そして目が見えなくても不自由を感じさせない最高のおもてなし」

「最高の……おもてなし？」

「そうだよ、人を幸せな気持ちにさせてくれる、最高のおもてなしがここにはある。そんな空間で働けるのは、とても幸せなことだ」

祖父の思わぬ言葉を聞き、私は金田に言われたことを思い出した。

『ゲストの声を聞き、おもてなしについて学んでいくうち、真由さんはきっと大きく成長すると思う。この仕事を、心から「やってて良かった」と思える日が来ると思う』

もしかしたら、早々にディズニーランドを辞めてしまったことは、間違っていたのだろうか。

あのまま続けていれば、「やってて良かった」と思える日が来たのだろうか。

私は、ほんの少し昨日の決断を後悔した。

すると、祖父はこんな意外なことを言った。

「お前の言う通りだ……」

「え？」

「ばあさんが死んだのは、俺が苦労をかけたからだ……。ばあさんも、生きていればここに来たかっただろうよ。お前のことを、本当に可愛がっていたからなぁ……」

こんなにも切なそうに祖母のことを語る祖父を、初めて見た。

優しかった祖母を失い、寂しい思いをしていたのは、私だけじゃなかったんだ……。

私は、ふと祖母が亡くなった時のことを思い出した。大好きだった祖母の死は、あっけないものだった。

1982年　2月

「真由、制服のまま寝たらシワになっちゃうよ。部活で疲れてるのは分かるけど、着替えてから寝なさいな」

「うん……分かってるよ、おばあちゃん」

居間のコタツで眠ってしまった私を、おばあちゃんは優しい声で起こしてきた。

中学生になった私は、憧れていたテニス部に迷わず入部したものの、想像を超える厳しい練習に、日々疲れきっていた。

「部活、辞めちゃおうかな……」

「辞めちゃうなんて、もったいないよ。4月になったら新入生も入るし、真由は先輩になれるんよ。がんばりんしゃい」

ほんの少しなまりのあるおばあちゃんの言葉は、私の心身を癒してくれる。

とても心優しく、頑固で厳しいおじいちゃんの奥さんとは思えないほど、おばあちゃんはいつもニコニコしているのだ。

「ほら、おじいさんが工場から帰ってきたらお夕飯にするから、着替えておいで」

「うん」


5歳の頃から祖父と祖母と暮らしているが、祖父にはいつも叱られてばかりだ。

行儀が悪いだの挨拶の声が小さいだの、どうでもいいことですぐに私を叱る。

そんな時、いつもかばってくれるのは祖母である。美味しい食事を作り、優しい言葉をかけてくれ、励ましてくれる。

だから、両親はいなくとも、私は寂しい思いをせずにいられた。

しかし、そんな優しい祖母に、祖父はとても冷たい。


「ばあさん！　今日は汗をかいたから、飯の前に風呂を沸かしてくれ」

「はいはい」

「おい、ばあさん、テレビのリモコンがないけど、どこへやった!?」

「はいはい、ここにありますよ」

なんでもかんでも、おばあちゃんに任せっきりで、ちっとも自分でやろうとしない。

お風呂場の浴槽《よくそう》を洗っている祖母に、私はそれとなく聞いてみた。

「ねぇ、おばあちゃん。どうしておじいちゃんと結婚したの？」

すると祖母は、浴槽を洗っている手を止め、私の方を振り返った。

「いやだねぇ、この子は……何を言い出すかと思えば……そんな昔のこと、忘れちゃったわよ」

そして、再び浴槽を洗い始めた。しかしすぐにまた手を止め、こう言った。

「そうだねぇ、しいて言えば……」

「しいて言えば？」

「人に媚《こ》びないところかしら。お花に似ているというか……」

「お花に？　あのおじいちゃんが？」

「そう。お花は、人によって咲いたり咲かなかったりしないでしょう？　おじいさんもね、人によって優しくしたり冷たくしたりするようなことは、絶対にしないんよ」

「……」

「誰にでも平等で、迷子の子がいれば、抱き上げてお母さんを探してあげ、お金を落としたという人がいれば、信じて貸してあげる。そんなところに、おばあちゃんは惹かれたのかもねぇ」


照れくさそうに話す祖母は、浴槽についた泡を一気に洗い流した。

それにしても、祖母はどうしてこんなに人の気持ちが分かるのだろう。私は、その疑問を祖母に投げかけた。


「ねぇ、おばあちゃんはどうしてそんなに人の気持ちが分かるの？」

「人の気持ちなんて、誰にも分からないよ。でもね、分かろうとする気持ちが大事なんじゃないかしら」

「分かろうとする気持ち？」

「そう、分からないことを『分からない』で終わらせるんじゃなく、分かろうとすることで、相手の気持ちに一歩近づくことができるんだとおばあちゃんは思うんよ」


そして、祖母はさらにこう言った。


「人も、お花とおんなじ」

「お花と……？」

「そう。お花は、愛情をかければちゃんと綺麗なお花を咲かせてくれる。そんな綺麗なお花を見ると、心が豊かになるでしょう？　人もね、気持ちを分かろうと一生懸命になれば、いつか心が通じ合えるんよ」

「そうなんだ。でも、おばあちゃんは本当にお花が好きなんだね」

するると、祖母は幸せそうな笑顔でこう答えた。

「お花はね、心と心をつなぐ役割をしてくれるんよ」

それから数日経ったある朝、いつもなら台所から味噌汁の匂いがしてくるのだが、その日は匂いもしなければ、食卓に朝食もなく、祖母の姿が見当たらなかった。

「(おばあちゃん……珍しく寝坊してるのかな)」と思い、祖母が寝ている寝室をのぞいた。

すると、布団の中にいる祖母を見つけた。

ぐっすり眠っているかのように見えた祖母に、私は何度も「おはよう」と言った。

何度も何度も「おはよう」と言った。

しかし、祖母が私に「おはよう」と言ってくれたのは、昨日が最後だった。

その日から、私は祖父を責め続けた。

祖母の死因について、医者は「おばあちゃんの寿命は、人より少し早かっただけ」と言ったが、私はその言葉を素直に受け入れることはできなかった。

そして、ほんの少しなまりのある言葉で、「がんばりんしゃい」と言ってくれたおばあちゃんの声は、過去の思い出となってしまった。

1989年　8月4日
レストランを出た私たちは、噴水近くのベンチで涼《すず》むことにした。
ベンチに腰かけた祖父の表情はとても穏やかで、心から居心地の良さを感じているように見えた。
すると、ポップコーンのいい香りと共に、少し涼しい風が吹いてきた。

「おじいちゃん、そろそろ風も冷たくなってきたし、私もバイトが終わる時間だから、一緒に帰ろうか」

「そうだな、お前は明日も仕事だろうし、そろそろ帰るとするか」

「……うん」

本当は、風が冷たくなってきたからではなく、夜になると顔見知りのキャストが出勤するため、さりげなく帰りをうながしたのだ。

私は、そんな自分をずるいと思った。しかし、祖父に本当のことを打ち明ける勇気もなく、ベンチから立ち上がろうとした。

すると、祖父が「ポップコーンを食べたい」と言った。

「ポップコーン？　いいけど……おじいちゃんがポップコーンを食べたいなんて珍しいね」

「いや、懐かしくてね。あれは、お前が5歳の時だったかな……」

「え？」

「真由は覚えてないかもしれないが、一度だけお前を小さな遊園地に連れてってやったことがあったんだ」

「……！」

「その時、買ってやったばかりのポップコーンを全部こぼしてしまってね……泣きやまなくて困ったのを、今でも覚えてるよ」

「それって……」


亡き父と行ったと思っていたあの遊園地は、祖父が連れてってくれたというのか？

あの時、ポップコーンを落として泣いていた私の手を、ぎゅっと握ってくれた温かい手は、祖父の手だったというのか？

頭の中の思い出を、ぐるぐるとかき混ぜられているかのような気持ちになった。

私たちは再びベンチに腰かけると、ぽつりぽつりとポップコーンを食べた。

何を語るわけでもなく、2人でポップコーンを食べた。

そして、涼しい風に背中を押されるかのごとく、帰りのゲートへ向かった。

ファンタジーランドを通り抜けていると、キャストたちが花火の準備を始めていた。

ファンタジーランドは、花火の打ち上げ場所にも比較的近く、ロケーションも良いことから、とても見ごたえあるエリアなのである。そのため、明るいうちから場所を取り始めているゲストもいるくらいだ。

すると、祖父が突然立ち止まった。

「おじいちゃん、どうしたの？」

「この香り……」

「香り？」

「真由、ここら辺にオレンジ色の花は咲いてないかい？」

「オレンジ色の花……？」

辺りを見渡すと、斜め前の花壇一面にオレンジ色の花が咲いていた。

その花の形を詳しく祖父に伝えると、祖父は「ぜひ花の名前が知りたい」と言った。

私は、なぜ祖父が花の名前にこだわるのか分からないまま、近くを通りかかった若い女性キャストを呼び止め、花の名前を聞いた。

「あの……もし分かったらでいいんですけど、このオレンジ色の花の名前って分かります？」

「この花ですか？　そうですねぇ……申し訳ありませんが……ちょっと分かりません」

「そうですよね、花の名前を覚えておくマニュアルなんて、ありませんよね」

「え？」

「あ、いえ、何でもありません。どうもありがとうございました」

若い女性キャストに礼を言い、祖父に「ほらね、やっぱり分からないって」と伝え、先へ進もうとした。

しかし、祖父はその場から歩こうとしない。

「おじいちゃん、どうしたの？　分からないって言ってるから、しょうがないよ」

すると、若い女性キャストが背後から話しかけてきた。

「よろしければ、少しお時間いただけますか？」

「……？」

「あと少しで花火も始まりますし、その頃までにお花の名前を調べさせていただきます」

「いや、そこまでしなくても……」

断ろうとしたその瞬間、祖父が私の言葉をさえぎるかのように、「そうしてもらいたい」と言った。

私は、なぜそこまで花の名前にこだわるのか分からなかったが、「お願いします」と伝えた。

とはいえ、花火が始まるまでに調べておくといっても、その頃にはキャストが入れ替わっているかもしれないし……。待っている時間がもったいないだけではないだろうか……。何より、祖父がなぜそこまで花の名前にこだわるのかが気になった。

「(もしかして……)」

もしかしたら、花が好きだった祖母に関係しているのかもしれない……。

私は、確信に近い気持ちで祖父に訊《たず》ねた。

「おじいちゃん、もしかしてさっきの花……」

「ああ、お前は覚えてないかもしれないが、あの花の匂いは……ばあさんがよく工場に飾っていた花と同じなんだ」

確かな記憶ではないが、どことなく覚えている。

私が花瓶を倒して、おじいちゃんに叱られたあの時、飾ってあったあの花に似ている。

「あんな殺風景な工場に花なんか飾ったって意味がないのに、懲りずに毎日飾ってね……。その頃は花の匂いなんて興味なかったし、よく分からなかったが、目が見えなくなってからふと香りを思い出したんだ。お前が伝えてくれた特徴を聞いて、これは間違いない！と思ったよ」

「そうだったんだ……」

「いくら匂いを思い出したからといって、目が見えないから調べる方法もなけりゃ、匂いを伝える言葉も見つからないし、もうあきらめてたんだ。でも、お前が言うように、ばあさんには苦労をかけてばかりだったから……毎日飾っていた花の名前くらい、聞いてやりゃよかったなって後悔してたんだ……」

なんだか、昔よりも祖父の背中が小さく見えた。

そして辺りはすっかり暗くなり、いよいよ花火が始まる頃、私たちは再びファンタジーランドを訪れた。

しかし、さっき花の名前を聞いた若い女性キャストは見当たらない……。

「やっぱり、キャストが入れ替わっちゃったみたいよ……おじいちゃん」

さらに、先ほどまで咲いていたオレンジ色の花びらは、眠るかのように閉じてしまっている。これでは、改めて調べてもらうこともできない……。

「真由、もし分からなかったらあきらめて帰るから、最後にもう一度だけ聞いてみてくれないか？」

「うん……そうだね、分かった」

私は、ダメモトで近くにいた女性キャストを呼び止めた。

そして、改めてこの花の名前を聞くと、その女性キャストは驚くべき回答をした。

「もしかして、先ほどこのお花の名前を聞かれた方ですか？」

「はい……でも、どうしてそのことを？」

「申し送りのノートに、お客さまのことが書いてあったからです。お約束通り、お花の名前を調べさせていただきました」

「……！」

「このオレンジ色のお花の名前は、『ガザニア』という菊科のお花だそうです」

「ガザニア……？」

「ええ。花びらが勲章に似ていることから、別名『勲章菊《くんしょうぎく》』とも言われているそうです。残念ながら、夜になるとつぼんでしまうのですが、春から秋にかけて咲くお花のため、長い期間お楽しみいただけるみたいですよ」

私は圧倒された。キャストが交代しているにもかかわらず、ここまでちゃんと調べていてくれたとは……。

祖父は、「ありがとうございます。本当にありがとうございます」と言いながら両手を差し出し、握手を求めた。

花の名前を調べてくれたキャストは、祖父の手をそっと取り「どう致しまして。お役に立てて光栄です」と答えた。

するとそのキャストは「ちなみに……」と言った。

「ちなみに？」

祖父が、握手を交わしたまま聞き返すと、そのキャストはこう答えた。

「はい。ちなみに……ガザニアの花言葉は、『あなたを誇りに思う』だそうです」

私は、胸の中が熱くなるのを感じた。

そして、祖母が亡くなる寸前に言っていた言葉を思い出した。


『花はね、心と心をつなぐ役割をしてくれるんよ』


花が大好きだった祖母は、このオレンジ色の花に祖父への想いを込めていたのだ。

だから、どんなに怒られても、毎日この花を工場に飾り続けたのだ。

ふと祖父を見ると、下を向き、しわくちゃの顔で泣いている。

苦労かけたことを悔やみ続けた祖父の心のシコリが、じわじわと溶けて消えていくかのように感じた。

祖母は、幸せだったのだ――。

質問に答えるということは、時に、こんなにも感動を与えることがあるのだ。投げかけられた質問に答えるだけではなく、質問の「その先」を考えることで、こんなにも人の心は豊かになる。

おととい、ご夫婦に舞浜駅の終電を聞かれた時、ちゃんと目的地まで考えなきゃいけなかった……。

あの時、私があと一歩聞いて差し上げていれば、あのご夫婦は乗り換えの駅からタクシーに乗らずに済んだのに……。

「サービス業に向いてない」なんて言ってしまったけど、「向いてない」のではなく、自分で自分の限界を決めていただけかもしれない。

金田が言っていた『ゲストの声は成長できるチャンスをもらっているのと同じ』と

言った言葉を、今なら心から理解できる。

もう一度ここで働きたい――。

そう強く願った次の瞬間、ドーン！という大きな音と共に、空一面が華やかな色に染まった。

キャーという歓声、ほのかな火薬の匂い、心臓まで響き渡る振動……見慣れているはずの花火だが、まるで生まれて初めて見たかのように感動した。

そして、空一面に咲く大きな花火は、大好きだったおばあちゃんが咲かせてくれているかのようにも感じた。

「おじいちゃん、すっごい綺麗だよ」

「ああ、おじいちゃんにも見える……見えるよ……。空に咲く花の香りを、全身で感じるよ。きっと、ばあさんが咲かせてくれてるんだろうな」

大空に咲く花火の下、私と祖父の心は1つになった。
すれ違ってばかりいた私たちの心が、1つになった。
私は、祖母が咲かせてくれたこの大きな花の香りを、一生忘れない。
すると、再びドーン！という音がした。
その音と共に、私にはこんな声が聞こえた。
『真由、がんばりんしゃい』
私は、止まらない涙をぬぐいながら、言わずにいられない言葉を祖父に投げかけた。
「おじいちゃん、手……つないでいい？」

しわしわになった「おじいちゃん」の手は、あの頃と変わらず温かかった。

――1カ月後――

真夏のディズニーランド。

それは、太陽に照らされたキャストたちの汗が、キラキラと輝く舞台である。

「自分はサービス業に向いてない」と言い、たった1カ月で辞めてしまった竹内真由は、初秋を迎えた今、再び白いコスチュームをまとい笑顔でがんばっている。

早々に辞めてしまったその翌週、スーパーバイザーである僕の元に、彼女から手紙が届いた。

その手紙には、再びキャストとして働きたいという熱意と共に、彼女自身がゲストとなって体感した「五感に訴えるおもてなし」「期待を超えるサービス」に対する感

動がつづられていた。

また、ゲストが乗り換えの駅からタクシーで帰ることとなってしまった失敗についても、深く反省している……と。

真面目な性格ゆえ、マニュアルを守ろうとするあまり、ゲストの心の声を聞き逃してしまったのだろう。

手紙には、彼女の成長がにじみ出ていた。そして、復帰を願うその熱意を、僕は迷わず受け入れた。

そんな彼女を見て、ふとウォルトの言葉を思い出した。


『与えることは最高の喜びなのだ。他人に喜びを運ぶ人は、それによって、自分自身の喜びと満足を得る』

サービスとは、人の心を豊かにすることだと僕は思う。だから、規則やマニュアルにとらわれ過ぎては、人の心を豊かにすることなどできないのだ。

ゲストが心から満足し、自然と笑顔がこぼれた瞬間、キャストである僕たちの心も豊かになり、笑顔となる。

笑顔の連鎖を作ることが、サービス業に携わる僕らの務めなのかもしれない。

そんな教訓を心に刻み、気持ちを切り替えて指導の巡回《じゅんかい》へ行こうとしたその時、セキュリティ部門の責任者である広瀬から内線が入った。

「金田さん、大変なことが……！」

焦る広瀬を落ち着かせ、詳しい話を聞いた。

すると、ピノキオのアトラクションにて、あるキャラクター像が消えてしまったとのこと。

絶対にあってはいけない事態が、起きてしまったのだ。

【第2話】へ続く

第2話

迷子の良心

1989年　9月6日

激動の夏を越えたディズニーランドは、草木も衣替《ころもが》えの準備を始めている。

トムソーヤ島の青々とした葉が、紅葉に移りゆくその色彩は、どんな絵具にも出すことのできない絶妙なグラデーションである。

自然が生み出した絵画のごとく、そんな景色を窓越しに見ることが、ランチを終えたあとの僕の楽しみなのだ。

「さて、ぼちぼち指導の巡回へ行くとするか」と、椅子から腰を浮かせたその時、セキュリティ部門の責任者である広瀬から内線が入った。

「金田さん、大変なことが……！」

広瀬は、30歳とは思えないほど落ち着きのある男だ。まるで、大家族を支える大黒柱のような風貌《ふうぼう》をしている。

そんな広瀬が、息を切らしながら何かを伝えようとしているその様子に、ただごとではない事態が起きたのを僕は察した。

「広瀬さん、落ち着いて話を聞かせてくれるかい？」

「あ、はい……あの……、ピノキオのアトラクションに設置されているジミニー・クリケットの像が……消えてしまいました！」

「何だって!?　ジミニーの像が!?」

ジミニー・クリケットとは、ピノキオの映画にも出てくるコオロギのキャラクターで、ピノキオ自身の『良心』を形にした存在である。

何といっても、ピノキオを本当の人間へと成長させた名脇役なのだ。


「それは……事実なのかい？」

「はい、リピーターのゲストから『いつものところにジミニーがいない』という連絡を受け、たった今、現場に行って確認してきたのですが……足元からそっくりそのまま姿がなくて……」

「いったい、どうしてそんな事態に……」

「それが……分からないんです。カメラにも映ってないんです」

「映ってない？　それじゃあ、ジミニーがひとりで歩き出したとでも？」

「いえ……ジミニーが設置されていたところは、たまたま死角でして……」

そもそも、防犯カメラは盗難防止というより、アトラクションが正常に作動しているかどうかを確認するためのもの。

何より、ディズニーランドでは、あるべき物が1つでもないと、アトラクションをストップさせなくてはならない。

ジミニー・クリケットの像は、小型犬ほどの大きさだが、どんなに小さな物だとしても、アトラクションに支障をきたす可能性を生み出してはいけない。

僕は、すぐさまファンタジーランドにあるピノキオへ向かった。

まさか、夢の国 ディズニーランドでこのようなことが起きるとは……。

まさに、絶対にあってはいけない事態が起きてしまったのだ。

――1時間前――

「本日は、夢の国 ディズニーランドへようこそ！　皆さまのガイドをさせていただく桜井陽子と申します。分からないことは何でも聞いてくださいね！」

ディズニーランドに入社して5年目の私は、入社した当時からトレーナーになることを目指している。

トレーナーとは、一言でいうと皆に頼られる立場で、いざという時に「答え」を持っている存在だ。

そんなトレーナーになると、「良心」の象徴であるジミニー・クリケットのバッジがもらえる。

しかし、そのためには様々な経験を積み、いくつものミッションをクリアしなくてはならない。

「SAKURAI」と書かれたネームプレートの上に、1日も早く金色に縁取られたバッジを付けることを夢見て、私はがんばり続けてきたのだ。

そして今日、初めて車椅子の団体をガイドさせていただくこととなった。

ディズニーランドでは、普段ゲストが聞くことのできないパークの情報などを紹介しながらガイドするツアー企画があり、そのツアーは車椅子の方にも参加していただくことができるのだ。

もちろん、今回ガイドさせていただくことは、重要な経験の1つとなる。

SAKURAI

でも、私には多少自信があった。

様々なゲストに楽しんでいただくためのノウハウも学んできたし、数多くのゲストと触れ合ってきた経験も、十分身についていると思う。

それに、今日ガイドさせていただくゲストのためのコースも、事前にバッチリ考えてきた。

私が今回担当するのは、車椅子のバスケットサークルとのことだが、最年少の男の子はピノキオが大好きだという情報も聞いた。

だから、ピノキオがあるファンタジーランド付近のレストランでランチを済ませ、午後一番でピノキオを存分に楽しんでもらう……そんなプランも立てておいたのだ。

また、高校生の和也は、ディズニーランドに来るのは初めてとのこと。

いい思い出を作ってもらうためにも、ディズニーランドの見どころがつまった最高のコースを、私は事前に用意したのだ。

「さぁ、午後はファンタジーランドを回りましょう！　公太君の大好きなピノキオに、いよいよ会えますよ！」

レストランを出た私たちは、写真を撮ったり、キャラクターと触れ合ったりしながら、ピノキオのアトラクションへ向かった。

「(うん、昨日考えてきたプラン通り、順調に進んでるわ)」

そして、公太が大好きなピノキオに到着すると、想像以上に長蛇の列ができていた。

夏休みも終わり、いつもならスイスイ乗り込めるくらい空いているはずなのだが……。

何にせよ、ピノキオにはバックドアという「特別な乗り場」が用意されている。

その乗り場は、直接アトラクションに乗れる場で、そこを使えばこの長蛇の列を並ばずトロッコに乗れる。

私は、公太の喜ぶ顔が目に浮かんだ。

「さぁ、皆さん。こちらの通路に一列に並んでくださーい」

「ねぇねぇ、お姉さん。ここ、なんの乗り場？」

キョトンとした顔で、公太が見上げてきた。

「ここはね、特別な乗り場なの。ピノキオにすぐ会える秘密の乗り場なのよ」

小声でそう答えると、公太は「すごい！」と喜んでくれた。

その顔を見たら、私も嬉しくなった。

しかし、その説明を背後で聞いていた小さな男の子が、私たちを指さして「ずるい」と言ってきた。

「ずる……い？」

公太は、その男の子の言葉が気にかかった様子だ。

「ねぇ、お姉さん、ぼくたちってずるいのかなぁ……」

「そんなことないよ。公太君が気にすることなんて、全然ないよ」

「ぼく……やっぱりスター・ツアーズに乗りたい」

「スター・ツアーズ……？　スター・ツアーズはエリアも離れているし、最後にちゃんと乗る予定だから、このままピノキオに乗りましょうよ。ピノキオ、大好きでしょう？」

「うん……じゃあ、そうする」

バックドアを案内するにあたって、悪い意味で特別扱いする気持ちを抱いたことはない。

なぜなら、ディズニーランドは障害者の方々に対する割引制度こそないが、それはバックドアを始め、不自由を感じることなく楽しんでいただけるシステムが整っていて、誰でも十分に楽しんでいただけるという自負があるからだ。

だから、公太に「気にしなくていい」と言ったのは、気休めではなく私の本心だ。今は「ずるい」と言われたことを気にしている公太も、きっとアトラクションに乗ってしまえば忘れるだろう。

搭乗口で待っていてくれたピノキオの担当キャストは、彼らが乗車するにあたって、トロッコを1台置きに見送ってくれるなど、安全を優先して乗せてくれた。

無事に全員が乗り込んだのを見届け、私は彼らが1周してくるのを待った。

ピノキオは、ほんの数分で1周できるアトラクションだが、ダークライドといって他のアトラクションよりも少々薄暗い室内となっている。

その雰囲気を怖がり、泣き出す子どもも時々いるが、公太は車椅子に乗ることとなる前、何度かピノキオに乗ったことがあると言っていたので、そのような心配はいらないだろうと思った。

そうこうしているうち、公太たちの姿が見えてきた。

「おかえりなさい！　どうでしたか？　楽しんでいただけましたか？」

私は、トロッコから降りてくる彼らを笑顔で迎えた。

みんな手を振ってくれ、とても楽しそうだ。

しかし、公太だけどことなく元気がない。

やはり、スター・ツアーズに乗りたかったのだろうか……。それとも、まだ「ずるい」と言われたことを気にしているのだろうか。

ひとまず、全員が出口にそろったところで気持ちを切り替え、次のプランへ進むための案内をした。

「さぁ、次はシンデレラ城の中で記念撮影をしましょう！　まるで外国みたいな……」

「いい加減にしろよ」

「……!?」


私は、耳を疑った。

その声は、高校1年の和也の声だった。

「俺たちにも少し考える時間をくれよ！　車椅子に乗ってる俺たちは、自分で行き先を決めたり、ワクワクすることもしちゃいけないのかよ！」

「私……そんなつもりじゃ……」

「あんたと一緒にいると、宝探しの宝のありかを教えられてるみたいで、全然楽しくない」


そう言うと、和也は私たちに背を向け、1人で進み始めてしまった。

「待って！」

どんどん進んでいく和也の背を、私は見届けることしかできなかった。

＊＊＊＊＊

でしゃばりのキャストから離れ、1人でパークを回り始めた俺は、なんだか急に目の前が広く感じた。

去年入会した車椅子のバスケットサークルは、地域主催の小さなサークルだが、小学生から成人まで様々な年齢のメンバーがいる。

汗をかくのを目的としているのはもちろんのこと、気持ちを共有することで、新たなことにチャレンジしてみようという思いも湧いてくる。

そんなチームの気持ちを形にするべく、8人全員でディズニーランドへ行こうということになったのだ。

その旨、ディズニーランドへ事前に相談したところ、車椅子に乗りながらでも参加できるツアーがあるということを教えてくれた。そのツアーでは、「ガイドツアーキャスト」と呼ばれる従業員が1人付き添ってくれ、パーク内を案内してくれるとのこと。また、ショーやパレードなども、車椅子に乗りながらでも見やすい専用のスペースへ案内してくれるという。

もちろん、車椅子を押したり、身の周りのサポートをしてくれるシステムではないため、介添人にも同行してもらう上で、俺たちはそのツアーに参加することを決めた。

そして、俺たちをガイドしてくれるキャストは、「桜井陽子」という名の明るくて元気な女性だった。

旅のツアーガイドのように、俺たちの前を歩きながらディズニーランドの見どころやアトラクションの説明をしてくれる。

また、ショーやパレードなども、車椅子に乗りながらでも見やすい専用のスペースへ案内してくれるという。

記念写真を撮るところにも、ちゃんとスロープがあり、噂《うわさ》通りディズニーランドはすごいところだと思った。

しかし、常にキャストの桜井陽子が俺たちの前を歩き、アトラクションから写真を撮る背景まで、何もかも指図《さしず》してくる。

案内してくれることは有難いし感謝するが、俺たちだって、少しくらい自分で決めたい。

楽しい思い出を作るために来たのに、人の指図に従ってばかりじゃ学校と同じだ。それに、ここに来てまで人の背中を見て歩きたくない……。

あれは、中学2年の時だった。自分の車椅子を押すにあたって、友達がジャンケンしているのを見かけた。

移動教室の前、先生が「段差があるところなど、言われなくても助け合うように」と、クラス全員に声をかけたあとのことだった。

廊下の隅でジャンケンをしていたクラスメイトだが、それは「負けた人が車椅子を押す」というルールだった。

それ以来、俺はできるだけ人の手を借りないよう、自分の力で前進するようになった。

それからしばらくして、車椅子で行うバスケのサークルを見つけ、迷わず入会した。何でもいいから、汗をかいてスカッとしたかった。そんな動機で入会したサークルだったが、そこで出会ったメンバーは名ばかりの「クラスメイト」ではなく、気持ちを共有できる本当の「友達」となった。

何より、最近入ってきた小学2年の公太が、屈託《くったく》のない笑顔で俺を「和也兄ちゃん」と呼び、懐《なつ》いてきたことがこの上なく嬉しい。

一人っ子だった俺は、兄弟という存在に憧れ、兄貴でも弟でもいいから兄弟がほしい……と幼い頃から望んでいたからだ。

公太は、プロのサッカー選手になることを夢見ていた。でも、大きな試合前日の夜、突然足が動かなくなったらしい。周囲の期待やプレッシャーによって、きっと心に負担がかかったのだろう。

それからめっきりと口数が少なくなってしまったらしく、心配した公太の両親が強引にバスケットサークルへ連れて来たのだ。

口数は少ないが、キラキラとした瞳の公太を、メンバーの皆も本当の弟のように可愛がっている。

そして、俺たちはある計画を立てていた。

公太のために、一世一代の計画を立てていたのだ。

＊＊＊＊

和也の背を見届けてから、20分ほど経った時、カストーディアルのスーパーバイザーをしている金田から無線が入った。

和也がいなくなったことを聞いた先輩キャストが、パーク内を回っているカストーディアルにも、和也の捜索をお願いしたのだろう。

しかし、金田には和也が単独行動してしまったことを知られたくなかった。

なぜなら、キャストの指導に直接関わる金田の耳に入ったら、目指しているトレーナーの道が遠のいてしまうと思ったから……。

とはいえ、和也が怪我をしてしまうようなことがあったら、それこそ大変な事態を招いてしまう。だから、他のキャストの手を借りざるを得ない。

でも、和也が単独行動してしまったのは、私のせいなのだろうか。

何が間違っていたのか、理解したいけど……よく分からない。

「もしもし？　陽子さん？　聞こえてますか？」

「あ、すみません。はい、聞こえています」

「今、どこにいますか？」

「えーっと……、白雪姫の前辺りです」

「そうですか。僕も今近くにいるので、そこで待っててください」

「……はい、分かりました」

すると、無線を切って1分も経たないうちに、金田があらわれた。

何やら、いなくなったのは和也だけでなく、ピノキオのアトラクションに設置してあるジミニー・クリケットも消えてしまい、そのことで丁度ファンタジーランドにいたとのことだ。


「金田さん、ジミニーが消えたって本当ですか⁉」

「はい、このような事態はディズニーランド開園以来初めてですが、起きてしまった以上、どうにか対策を練らねば……」

「私、さっきまでピノキオにいたんです。でも、その時変わった様子は何も……」

「そうですか……それよりも、ひとまず陽子さんは和也君を探さないと」

「……はい」

　私は、和也に言われた言葉を金田に伝えた。

「宝探しの宝のありかを教えられているみたい……か。なるほど、その通りかもしれませんね」

「え……？」

「いや、僕は陽子さんを責めているわけではないんです。ゲストに楽しんでもらうため、一生懸命になるということはとてもいいことです。ただ、ゲストの先を歩くばかりではなく、ゲストと向き合い、時には見守ることも大事なおもてなしなんですよ」

「見守る……おもてなし？」

「そうです。陽子さんが今目指しているトレーナーのバッジの絵柄は何か覚えてますか？」

「はい、ジミニー・クリケットです」

「その通り、ジミニーはピノキオの心の声を聴き、本当の人間に成長させてくれました。そして、我々を真のキャストに成長させてくれるのは、ゲストなんです」

「……！」

「ゲストは、〝サービスの神様〟ですから」

「サービスの……神様？」

「ええ、そうです。和也君の言葉も、きっと陽子さんを成長させてくれるはずですよ」

金田はそう言うと、ジミニー・クリケットの捜索と共に和也のことも探してくれると約束し、エリアへ戻った。

私は、金田の言っている意味を、頭で理解するのが精一杯だった。


和也を探し始めてしばらくすると、先輩キャストから「和也が見つかった」という連絡が入った。

先輩の報告によると、ジミニーを捜索していた金田がファンタジーランドの東側にあるレストランの横で、孤立していた和也を見つけたという。

和也は、ひざの上に乗せたリュックの中を、何やらじっとのぞき込んでいたそうな。

金田は和也に付き添ってくれているとのことなので、待合室で和也を待つ仲間たちに無事を知らせ、連れて来るまで待っててもらうよう伝えた。

しかし、和也の弟分の公太が、どうしても一緒に行くと言う。

私は、公太と共に和也の元へ向かった。

「和也兄ちゃん、どうして急に怒っちゃったのかなぁ」

金田と和也が待つレストランへ向かう途中、公太が私に聞いてきたが、その答えは私にも分からなかった。

どちらかというと、公太の気持ちに少し共感している自分がいた。

そしてレストランに入ると、和也から一通りの事情を聞いたと思われる金田が、和也の肩にそっと手をかけた。

「ほら、和也君。自分の本当の気持ちを陽子さんに話してごらん」

「本当の……気持ち？」

「ああ、和也君たちには、ある計画があったんだ」

すると、下を向いていた和也は顔を上げ、ぽつりぽつりと話し始めた。

「俺たち……今日は公太に渡したい物があって……、それを渡すタイミングとか場所とか考える間もなく、あんたが先頭切って何から何まで誘導するもんだから、つい頭にきちゃって……」

私の横にいた公太は、自分で車輪を回して和也の目の前へ行った。

「ぼくに渡したい物？」

「ああ、そうだよ。公太にプレゼントしたい物があるんだ」

そう言うと、和也はひざの上に乗せているリュックのファスナーを開き、不器用に包まれた水色の包装紙を取り出した。

それを受け取った公太は、ゆっくりとひざの上で開いた。

「これ……」

水色の包装紙から姿を見せたのは、ピカピカに磨かれたサッカーのスパイクだった。

「ほら、この前、公太の家に泊まりに行っただろ？　公太の部屋に布団敷いてもらってさ。あの時、ゴミ袋にくるまれたスパイクがベッドの下にあるのを見ちゃって……。ああ、公太はもうサッカー選手になる夢をあきらめちゃったのかなって思ったら、悲しくなってさ……」

「和也兄ちゃん……」

「俺……公太には夢を叶えてもらいたいんだ。公太は自信さえ取り戻せば、きっとプロのサッカー選手にだってなれる。だから、あきらめないでほしい。チームのみんなも同じ気持ちだよ。だから、少しずつだけどお金を出し合って新しいスパイクを買ったんだ」

私は、少しでも自分に自信を持っていたことを、恥ずかしいと思った。

ゲストの心の声をちゃんと聴かず、自分が正しいと思うサービスばかり押しつけていた。

キャストの勲章であるトレーナーのバッジをもらうことばかり考えて、一番大切なことを私は忘れていた。

ディズニーランドは、一人一人にとって特別な場所なんだ——。

とっくに理解しているつもりだったけど、頭で理解しているだけで、本当は全然分かってなかった。

すると、和也から受け取ったスパイクを抱きしめながら、公太が突然泣き出した。

「ごめんなさい……」

大きな瞳から、ぽろぽろと涙が溢《あふ》れている。

「ごめんなさい……ぼく…和也兄ちゃんに言わなきゃいけないことがあるんだ…」

「俺に…言わなきゃいけないこと……？」

「うん……でも、その前にこれを……」

そう言うと、車椅子の下のカゴに入れていた水色のスポーツバッグを出し、私に差し出してきた。

「これを……私に？　和也君じゃなくて？」

公太は、コクンとうなずいた。

私はバッグを両手で預かり、中を開いた。

「これは……」

私と金田は、顔を見合わせた。

公太が差し出してきた水色のスポーツバッグの中には、消えたジミニー・クリケットが入っていたのだ。

そして、公太は和也の顔をまっすぐ見て、真実を語り始めた。

「和也兄ちゃん……ぼく……本当は歩けるんだ」

「……！」

「ぼく……サッカーの試合で選手に選ばれなくて……、でも、お父さんとお母さんをガッカリさせちゃいけないと思ったから『選ばれたよ』って嘘をついちゃったんだ……。そしたら、二人ともすっごい喜んでくれて、お父さんなんて会社休んで見に来るって言うし、どうしようと思って……。それで、試合の前の日に『足が痛い』って嘘をついたら、大きな病院へ連れて行かれたり、色んな検査を受けさせられて、だんだん嘘だってことが言えなくなっちゃって……」

私たちは、誰も彼を責めることはできなかった。

誰もがついたことのある小さな嘘が、たまたま大きな雪だるまとなってしまったのだ。

さらに公太は真意を語った。

「言わなきゃ言わなきゃと思ってたんだ……今日こそ言おうって……。そしたらさっき、特別な乗り場を通る時に『ずるい』って言われて……すごく悔しかった。だってさ、ぼくは本当にずるいから……」

「それで、ジミニーを？」

金田が優しく問いかけた。

「うん……。ジミニーは、うそつきだったピノキオを良い子にしてくれたから……本当のことを言える勇気がほしくて……」

あの時、「スター・ツアーズに乗りたい」と言った公太の真意とちゃんと向き合っていれば、こんなふうに公太を泣かせるようなことはなかったかもしれない。

ピノキオと自分を重ね合わせていた公太は、本物のピノキオを見るのが怖かったのだ。

自分が嘘をついている「現実」に引き戻されるのが、怖かっただけなのだ。

公太がジミニーを手に取ってしまったのは、私のせいだ……。

すると、和也は公太の横に車椅子を寄せ、小さな頭を優しくなでながら言葉をかけた。

「バカだな……公太は」

「和也兄ちゃん……怒ってる？」

「まさか」

「本当？」

「ああ、本当さ。こんなに嬉しい嘘は初めてだよ」

「え？」

「だって、公太は歩けるんだろう？　よかった……本当によかった……」

和也の目には、溢れんばかりの涙が溜まっていた。

言うまでもなく、それは嬉し涙だった。

そして、金田は優しい声で公太にこう言った。

「公太君、きみが本当のことを言えたのは、和也君がきみの心の声を聴いてくれたからだよ。本当は大好きなサッカーを続けたいと思っている心の声を、和也君はちゃんと聴いてくれているんだ。公太君には、ジミニーよりも頼りになる仲間がいる。だから、このジミニーはピノキオの元に返していいね？」

「……うん。本当にごめんなさい」


スパイクをぎゅっと抱きしめている公太の肩を、和也はそっと自分に寄せた。

私は、和也たちに出会わなかったら、形だけのバッジを胸に付けるところだった。

ゲストの心の声を聴かず、宝探しの宝のありかを教え続けるようなキャストになるところだった。

共に道を探すことも、共に迷うことも、私たちの仕事なのかもしれない。

すると、小さなジミニーを優しく抱きかかえている金田が、小声で私にこう言った。

「本当に迷子になっていたのは、陽子さんかもしれませんね」

「え?」

「ピノキオが人間になる前、成長するために様々な感情を覚え、ありとあらゆる土地で迷子になったように、陽子さんもトレーナーになるための道で、ちょっと迷子になっていただけかもしれませんね」

「金田さん……」

私は、今日の日を絶対に忘れない——。

そう心に刻んだ。

そして、和也と公太は仲間の待つところへ向かった。

絆《きずな》という道を進む2人の後ろ姿は、まるで本当の兄弟のようだった。

——半年後——

1990年の春、ゲストの声によって「見守るおもてなし」を心から得た陽子は、念願叶ってジミニー・クリケットのバッジを胸に付けることができた。

そして僕は、ユニバーシティ（社員に、ディズニーランドの文化や基本的な考え方、共通言語やパーク全体の仕組みなどを教える部署）の教育責任者を務めることとなった。

共に、新たな道を一歩踏み出したのだ。

『良心』という心の中の小さな声は、耳をすませなければ聴こえないかもしれない。

しかし、その小さな声を聴くことが、サービスの第一歩だと僕は思っている。

そして、今回のことを振り返り、ウォルトのこんな言葉を思い出した。

『自分のためにつくろうとするな。お客様が求めるものを知り、お客様のためにつくるのだ』

ディズニーランドという名の舞台作りは、ゲストの声によって作られていると言っても過言ではない。

キャストが求める舞台を作るのではなく、ゲストが求める形を実現させることにより、おもてなしする側もされる側も心から笑顔になれる空間が作れるのではないだろうか。

一つ一つの小さな声を聴くことで、「良心を引き出す場所」を作ることができ、ディズニーランドの美しい建物や景色も、ゲストの瞳の中でより一層輝くのだと僕は思う。

新たなデスクに座り、そのようなことを考えていると、デスクの右端に置かれてある内線電話が鳴った。

受話器を取ると、それは券売窓口の担当キャストからだった。

なんと、チケットを購入するために並んでいたゲストが突然激怒し、入園せずに帰ってしまったという。

いったい、ゲストはなぜ帰ってしまったのだろうか。

僕は、新しいデスクを背に、すぐさま券売窓口へ向かった。

【第3話】へ続く

第3話

色あせたチケット

1990年　春

ディズニーランドの券売窓口の前は、いつも笑い声が飛び交っている。

「ねぇねぇ、まず何から乗る？」「ミッキーと写真撮りたいね！」など、ゲストの期待と興奮が重なり合っている空間なのだ。

しかし、この日の券売窓口はいつもと違った。

チケットを購入するために並んでいたゲストが突然激怒し、入園せずに帰ってしまったという。

そんな連絡を受けた僕は、すぐさま券売窓口へ向かい、激怒したゲストを対応したキャストから事情を聞くことにした。

「江美さん、ちょっといいですか？」

「あ、はい……」

入社して2年目となるキャストの関口江美は、富山でラーメン店を営む両親に育てられ、幼い頃から商売を間近で見てきている。

そのため、直接ゲストと接する券売窓口でも、その経験を生かしてくれるだろうと、僕は密かに期待していたのだ。

何より、江美は「ゲストをもてなしたい」という意識をしっかりと持っている。

そんな彼女が、いったいなぜゲストを怒らせるようなことをしてしまったのだろうか。

いや、彼女が怒らせたのではなく、ゲスト同士の間で揉《も》めごとが起きてしまったのだろうか。

何にせよ、僕は窓口に座っていた関口江美を呼び出した。

「券売窓口に並んでいたゲストが、怒って帰られたと聞いたのですが……江美さんが怒らせたわけではないですよね？」

「いえ、それが……私なんです」

「……！」

「でも、原因を作ったのは、ゲストです」

「ゲストが原因を？」

「はい。3人家族でいらしたのですが、大人2名様分のチケットしか購入されなかったので、それについて確認したところ、激しく怒られて……」

「3人家族というのは、大人3名ということですか？」

「いいえ、大人2名とお子様1名です」

「お子様1名？　3歳以下のお子様だとすると、入園料はかかりませんよね？」

「はい。ただ、そのお子様はあきらかに4歳以上と思われるお子様でしたので……」

「なるほど、それについて江美さんが確認したため、ゲストが疑われたと思って怒った……というわけですね？」

「……ええ。でも、年齢をごまかそうとする方が悪いんだと思います」

僕は、江美の回答に疑問を感じた。

彼女は、何を基準にお子様の年齢を4歳以上だと決めつけたのだろうか。

また、どのようにしてゲストに確認をしたのだろうか。

その旨、僕は彼女に聞いてみた。

すると、激怒して帰ってしまったゲストと江美の間には、こんなやりとりがあったという。

＊＊＊＊＊

「大人2枚ください」

券売窓口のキャストとなり、2年が経った。

中学3年の頃からディズニーランドで働くことを夢見ていた私は、就職活動の際、迷わずディズニーランドを受けたのだ。

田舎育ちの私にとって、中学の修学旅行で訪れたディズニーランドは、夢の中の世界そのものだった。

高校に入学してからもその気持ちは変わらず、サービス業を学ぶためにも産業系の大学へ進学した。

そして、念願叶ってこの席に座ることができた時、自分が一流になれた気がした。

ああ、私はもう「小さなラーメン屋の娘」というレッテルを貼られないんだ……と。

幼い頃から立派なところで活躍したいと願っていた夢を叶えられたのだと、達成感に満ち溢れた。

それと同時に、「ゲストに一流のおもてなしを提供したい」と、心から思った。

そのためにも、人一倍真面目に研修を受け、マニュアルも徹底的に叩き込んだ。

だからこそ、他のゲストに不快な思いをさせるようなことや、年齢を偽《いつわ》って入園するようなことは、絶対に許せない。

入園料が発生すると思われるゲストに対し、先輩キャストは見て見ぬ振りをしているが、本当にそれでいいのだろうか。

そして今、目の前にいる3人家族が「大人2枚ください」と言っているものの、連れているお子様はあきらかに大きい。

いろんなゲストを見てきたが、どう見てもこの子が3歳以下とは思えない。

このまま入園料を払わず入園してしまえば、今後もきっと繰り返すだろう。

そんなことになっては、ちゃんと支払って入園しているゲストに申し訳がたたない。

ここは、私がちゃんと注意しなくては……。

「大人2名様分と、お子様1名分でよろしいですか？」

「え？　3歳以下は無料って書いてあるけど……」

「はい、3歳以下の場合は無料でございます」

「じゃあ、大人2枚で」

「では、何か年齢を証明できるものをご提示いただいてもよろしいでしょうか」

本当は、年齢を証明するものを提示してもらうようなマニュアルはない。

でも、誰かがそうしなければ、間違ったゲストを正すことはできないと思う。

「それって……俺たちを疑ってるってこと？」

「いいえ、そういうことではなく、皆さまに心から楽しんでいただくためにも、ご協力いただければと思いまして」

「心から楽しんでいただくためにも？　こんなふうに疑われて、どうやって心から楽しむんだよ」

「ですから、きちんとお子様分のチケットをご購入いただければ、心から楽しんでいただけるかと……」

「だから、それは俺たちがこの子の年齢をごまかしていると思ってるから、そういうことを言うんだろう？」

「……」

「ディズニーランドのおもてなしは一流だって聞いたが、あんたみたいに客を疑う最低な従業員がいるなら、入る価値はなさそうだ」

「最低な……!?」

「ああ、そうだよ。うちは小さな料理屋だが、あんたみたいに客を疑う従業員は１人もいない。嘘だと思うなら、いつでもいいから見に来るといい」


そう言うと、激怒しているゲストは、投げ捨てるように名刺を窓口に置き、家族を連れて帰ってしまった。

私は、悔しかった。

どうして「最低」だなんて言われなければいけないのだろうか。

ましてや、小さな料理屋の店主に、一流のおもてなしの何が分かるというのだ。

ふと、私は実家のラーメン屋を思い出した。

いつも同じ顔ぶれの客と、いつも同じような会話を交わし、狭い空間の中でワイワイたわむれているあの空気を……。

そんな狭い世界が嫌で、私は立派なところで働くことを目指した。

その夢が叶ったというのに、どうしてこんな思いをしなければならないのだろう。

しかし怒るということは、きっと私の察した通り、あのお子様は4歳以上だったのだろう。

他のゲストのためにも、こうするしかなかったのだ。たとえ帰ってしまったとしても、私は自分の取った行動を後悔していない。

窓口に置き捨てられたやり場のない名刺を、私はとりあえずポケットにしまった。

それから10分ほどして、教育責任者の金田が私のところに来た。


「江美さん、ちょっといいですか？」

「あ、はい……」

金田は、ディズニーランドが開園した年から勤めているベテランの幹部社員である。

私は、自信を持って一連のことを話した。

「なるほど。それで江美さんは、ゲストが帰ってしまったことは仕方のないことだと思っているわけですね」

「はい……でも、怒るということは、きっと図星だったんだと思います。あきらかに、3歳以下には見えませんでしたし……ごまかしているのを見逃してしまったら、ちゃんと支払って入園しているゲストに申し訳ないと思ったんです。先輩たちは見逃していますが、本当にそれでいいのでしょうか?」

「江美さん、先輩キャストがゲストに何も言わないのは、見逃しているからではなく、疑っていないからですよ」

「疑っていない……?」

「ええ、そうです。ゲストを信じているんです。そもそも、江美さんはどうしてそのゲストが『ごまかしている』と思うのですか？」

「それは……、あきらかにお子様が大きかったからです。たくさんのお子様を見てきた上で、間違いないと思いました」

「なるほど。では、逆に身体が小さいのにチケットを購入してきたら、『入園料は結構です』と言いますか？」

「いえ……」

「確かに、中には悪知恵《わるぢえ》を働かせるゲストもいるかもしれません。でも、ほとんどのゲストは誠実に入園料を払ってくださっています。一部のゲストを正すことより、誠実なゲストとの信頼関係を築く方が、僕は大切だと思いますよ」

「信頼関係……？」

「ええ、サービスの原点は信頼関係にあると言ってもいいでしょう。ゲストを信頼することも、おもてなしの1つなんですよ。そういえば……江美さんのご実家はお店を営んでいましたよね？」

KANEDA

「はい、小さなラーメン屋ですが……」

「では、〝サービスの神様〟と触れ合う機会はたくさんあったでしょうね」

「サービスの……神様？」

「そうです。サービス業に携わる僕たちにとって、ゲストはサービスの神様なんです。ゲストの声は『成長の種』となりますから、幼い頃からサービスの神様と触れ合っていた江美さんは、成長の種をたくさんもらっていると思いますよ。それに、入園せずに帰ってしまったゲストの声も、きっと江美さんを成長させてくれるはずです」


私は、金田の言っている意味がよく分からなかった。

「最低な従業員」などと言われた言葉が、私の成長の種になるとも思えないし、ましてや田舎の小さなラーメン屋に来るお客さんから教えられることなんて、何もないと思う……。

ディズニーランドのように、毎日毎日何万人も訪れるような一流のサービス業とは違い、見慣れた顔の客と変化のない会話をする程度だ。

そのような関係から教わることなど、到底あるとは思えない。

激怒して帰ったゲストも、小さな料理屋をしていると言っていたけど、どうせうちと同じような店に決まっている。

しかし、このままではディズニーランドのことも最低だと思われてしまう。

パークの中に入ってくれれば、きっと素晴らしさが分かってもらえるのに……。

店を見に行くつもりはないが、とりあえずポケットに入れた名刺を取り出し、私は財布にしまい直した。

＊＊＊＊＊

あれから1週間が経ち、券売窓口はなにごともなかったかのように平和を取り戻した。

とはいえ、私を「最低な従業員」と言い放ったゲストの顔と言葉が、心の隅に引っかかったままだ。

毎晩、寝る前になると思い出してしまう。

いっそ、本当に店を見に行ってみようか。

店の外からチラッと中をのぞくだけでも、広さや雰囲気は分かるだろうし、ひと目見て「なんだ」って自分の中で納得できるかもしれないし……。

名刺を改めて見ると、上品な筆文字で「鈴玄《すずげん》」と書かれてあり、住所は横浜の郊外と思われる。

半日あれば往復できる距離だし、本当に店があるのかどうかを確認するだけでも、少しはすっきりするかもしれない……。

私は、次の休みを利用し、帰ってしまったゲストの店へ行ってみることにした。


そしてお休み当日、なんとなく熟睡できないまま朝を迎えた。

昼食を家で済ませたのち、電車をいくつか乗り継いで、帰ってしまったゲストの店へ向かった。

2時間半ほどで最寄り駅に着き、ロータリーにある交番で名刺の住所を細かく聞いた。

駅からそこまでは、徒歩5分ほどであることが分かったのと同時に、交番にいた警官の1人が、その店に行ったことがあるという。

「鈴玄」というその店は、開店してほんの数年とのこと。小さな定食屋ではあるものの、板前がとても礼儀正しく、女性1人でも入れる雰囲気とのことだ。

その情報を聞き、私は帰りたくなった。

しかし、電車を乗り継ぎ、ここまで来たのだ。外観をひと目だけでも見て帰ろうと思い、歩き出した。

店に着くと、その入口はどことなく実家のラーメン屋と雰囲気が似ていた。

のれんも、壁の色も、屋根の形も違うのだが、カラカラと右にスライドする入口が、似ている雰囲気を醸《かも》し出しているのかもしれない。

私は勝手口に回り、少しだけ店内の様子を見ることにした。

身をひそめ、扉の隙間から調理場の様子を見ていると、私の右手を誰かがぎゅっと握ってきた。

びくっとした私は、「ひゃっ」という小さな悲鳴を上げた。振り返ると、うさぎのぬいぐるみを抱えた5歳前後の女の子が立っていた。

女の子は、私の手をぎゅっぎゅっと2回引っ張り、「なにしてるの?」と聞いてきた。

よく見ると、あの日、帰ってしまったゲストと一緒にいた女の子だ。

私は、口元に人差し指を当て、「シー」と言った。

そして女の子と同じ目線のところまでしゃがみ、あの日聞けなかった質問をした。

「お嬢ちゃんは、いくつかな?」

「3さい」

女の子は、元気良くそう答えた。

私は、胸がチクンと痛くなった。

すると、勝手口の扉が開き、中から白いかっぽう着を着た40歳くらいの男性が出て

きた。

「すず、誰としゃべってるんだい？」

この子の父親であり、店主と思われるその男性は、初めて見る顔ではなかった。

意志の強そうな眉、眉間に1本くっきりとある縦じわ、耳の横で綺麗にそろってい
るもみあげ……。

私を「最低な従業員」と言い放った、あの時のゲストだ。

「お客さん、入口はあちらですよ」

「あ、はい……いや、私は……お客じゃ……」

「あんた、どこかで……」

私は、言葉が見つからなかった。

蛇に睨《にら》まれたカエルのごとく、店主から目をそらした。

「すず、お客さんを店内に案内してあげなさい」

「はーい」

「すず」という名の女の子は、うさぎのぬいぐるみを店の隅に座らせると、入って左側にある座敷へ上がり、2人掛けほどの座卓に私を案内してくれた。

「おねえさんはひとりだから、ここでいいよね？」

「ええ、ありがとう」

「今、元気の出るお水もってくるから、ちょっとまっててね」

すずが水を取りに行くと、白いかっぽう着を着た店主が私のところに来た。

「あんた、あの時の従業員だよな？」

ぶっきらぼうな言葉ではあるが、あの時とは違う穏やかな声でそう言った。

「あの……入るつもりはなかったんですけど……まさかあの……」

「まぁ、いいさ。今日はあんたが客だ。さぁ、好きなものを頼むといい」

もはや、食欲などこれっぽっちもない。

とはいえ、何も頼まないわけにもいかないため、つるつるっと喉《のど》を通ってくれそうなものを頼むことにした。

「じゃあ、とろろそばをください」

「あいよ」という太い声が、店内に響いた。

しばらくすると、フリルの付いたエプロンをしたすずが、小さなお盆に水を1つ乗せ、私のテーブルに持ってきてくれた。

「おまたせしました。こちらが元気の出るお水でございます」

たどたどしい敬語と共に、水の入ったコップを私の前に置いた。

「どうもありがとう。お手伝いできるなんてえらいのね」

「はい！　かんばんむすめですから！」

小さいながらにして、自分の役割にちゃんと誇りを持っている。

そんなすずは、本当に3歳だったのだ。

年齢を疑ったことを本人に謝るべきか、私は迷った。

今の時点では、私がディズニーランドのキャストだということに気づいていない様子だ。ここであの時のことを話せば、嫌な思いをさせてしまった気持ちを、掘り起こすことになってしまうかもしれない。

どうするべきか……。調理場にいる店主の方を見ると、ふと目が合った。私の気持ちを察したのか、首を小さく横に振っている。

私も、小さくうなずいた。

すると、お盆を胸に抱えるすずが、私の横にちょこんと座ってきた。

「おねえさん、のどかわいてないの？　ここにくるお客さんは、いつもゴクゴクって飲んで『あー、生きかえった』って言うよ」

おそらく、常連と思われる客がいつもそうしているのだろう。

その姿を見て、「元気の出る水」と言っているのだ。私は、すずが愛しく感じた。

「すずちゃんがあまりにしっかりしてるから、お姉さん見とれちゃって……喉かわいてたの忘れてた」

そしてコップの水を一気に飲み干し、「あー、生きかえった」と言った。

その水は、緊張し続けた身体の隅々に浸透し、本当に生きかえった気がした。

すずは、空になったコップをお盆に乗せ、再び水を汲《く》みに行った。

私にもあんな頃があったな……と、実家のラーメン屋を思い出した。

すずと同じように「看板娘《かんばんむすめ》」と言われ、お手伝いをするとアメやチョコをもらった。

カラフルな折り紙を細かく切り、プラスチックのお皿に乗せ、「チャーハンです」と常連客に出したこともあった。

ままごとのようなことを毎日繰り返していたにもかかわらず、常連客は嫌な顔ひとつせず付き合ってくれたものだ。

しかし、そんな実家を、私は家出同然で出て来てしまった。

理由は、ディズニーランドに勤めることを、父親に反対されたからだ。

中学の頃からディズニーランドで働くことを夢見ていた気持ちを知っていたにもかかわらず、採用通知が届いた時、「本当に受かるとは思ってなかった。受かったんだからもう気が済んだだろう？」と言い、上京することを許してくれなかったのだ。ラーメン屋を継がなくてもいいから、せめて富山で就職先を探してほしいと言われ、私は反対を押し切って家を出た。

ひと足先に上京していた友人に不動産会社を紹介してもらい、親に気づかれないようワンルームのアパートを契約した。

あれからもう2年が経ったのだ。

ハガキ1枚すら出していない状況だが、いつまでもこのままではいけないということは分かっている。

ただ、帰るきっかけもなく、月日だけが流れていた。

改めて店内を見渡すと、貼ってあるポスターや飾ってある置物こそ違うが、やはりどこか実家と雰囲気が似ている。

広さはこの店の方が少し狭く、正方形のテーブル席が3つ、4人掛けの座卓が2

つ、そして私が座っている2人掛けの小さな座卓が1つ。あとはカウンターに椅子が6つ置いてあり、調理場には店主の他に板前が2人立っている。すずに手を引かれ、辺りを見渡す余裕などないまま店に入ったが、正方形のテーブルには若い男性客が1人座っている。

客がいることなど、全く気づかなかった。

それにしても、若い男性客が1人で訪れる場合、だいたいカウンターに座るものだが……。

そんなことを考えている間に、お出汁《だし》のいい香りがしてきた。

出来たてのとろろそばを、店主が運んでこようとした次の瞬間、テーブル席に座っていた若い男性客が突然立ち上がり、扉の方へ走り出した。

「こら！　待て！」

その声に驚いたすずは、汲みかけていた水を全部こぼしてしまった。

一瞬の出来事に、何が起きたのか分からなかったが、私はバッグからタオル地のハンカチを取り出し、すずの濡れたひざやエプロンを拭いた。すると、店の奥からすずの母親が出てきた。

すずは、飛びつくように母親に抱きつき、泣き出した。

父親の大きな声と、走り出した若い男性客の様子に、ただごとではない空気を感じたのだろう。

もしかしたら、あの時もこんなふうに泣いていたのかもしれない……。

私がすずの年齢を疑わず、あのまま大人2枚分のチケットを購入していただいていたら、さぞかし楽しい1日を送ったことだろう。屈託のない笑顔で、すずはアトラクションを楽しんだに違いない……。

金田が言っていた『一部のゲストを正すことより、誠実なゲストとの信頼関係を築く方が、僕は大切だと思いますよ』という言葉が、耳の奥で復唱された。

すると、開きっぱなしの扉の外から、店主に連れられた若い男性客が戻ってきた。

よく見ると、まだ10代と思われる。前髪はところどころ茶色く、無精《ぶしょう》ひげも様にならないほど若い。

2人は、正方形のテーブル席に向き合って座った。若い男性客は大股を開き、ずっと下を向いている。そんな態度の客に、厳しい眼差しの店主が話しかけた。

「金がないのか？」

若い男性客は、下を向いたまま深くうなずき、「仕事が決まらない」と小さな声でつぶやいた。

それを聞いた店主は、続けて質問した。

「俺の作ったメシ、うまかったか？」

若い男性客は、先ほどよりも深くうなずいた。

男性客が座っていたテーブルの上を見ると、すべての皿が見事に平らげてある。

「じゃあ、仕事が決まったらまた食いに来い。今日の分は、そんときまでツケといてやる」

なんという無謀な約束をする人だろう……。ツケだなんて常連ならまだしも、初めて来た客にそんなことを許したら、二度と来ないに決まっている。

ましてや、仕事が見つからないなんて嘘かもしれないのに……。

そうこう考えていると、大股開いて座っていた若い男性客は姿勢を正し、店主に深々と頭を下げ、店をあとにした。

私は、店主の無謀な約束を、黙って見ていられなかった。

「いいんですか？　あんなこと言って……」

「何が？」

「ツケておくだなんて、食い逃げされるのを黙って見ているようなもんじゃないです

か」

「あんたは、相変わらず分かってないな」

「……！」

「確かに、悪知恵を働かせる奴もいるかもしれない。だとしても、この店に入った奴は俺の客だ。今日の客は、未来の常連なんだよ。それに、商売ってのは信頼関係を築いてこそ成りたつんだ」

「じゃあ、さっきの若いお客さんが、もし二度と来なかったら？」

「来るまで待つさ。待ってる間は、『来なかった』ということにならないだろう？」


私は、自分の未熟さを痛感せずにはいられなかった。

目の前のゲストが、嘘をついていないか疑ってばかりで、その人がまた来てくれるかどうかは、「楽しければまた来るだろう」くらいに考えていた。

でも、目の前のゲストを信じてこそ、再び来てくれるのだ。

さっきの若い男性客にしても、「仕事が決まらない」と言った言葉を店主が信じることによって、彼が再び訪れる環境ができる。

そして彼が今後も通い続けてくれれば、双方にとって心地良い信頼関係が築ける。

未来につながるサービスは、信じることから始まるのかもしれない。

また、金田が言うように、先輩キャストは不正を見逃しているのではなく、どんなゲストに対しても「疑っていない」のだ。

私は、この人に叱られて当然だった。

『最低な従業員』と言われた言葉が、今になって身に沁《し》みてきた。

すると、作り直してくれたとろろそばを、店主がそっと目の前に置いてくれた。

店の奥にいたすずも、なみなみと水が入ったコップを再びお盆に乗せ、一歩一歩慎重に持ってきてくれた。

「はい、どうぞ。世界一のとろろそばと、元気の出るお水でございます」

私は、すずが再び入れてくれた水を一気に飲み干した。

その水は、まるで心の隅々まで潤《うるお》うかのように感じた。

＊＊＊＊

あれから2週間が経ち、すず親子がディズニーランドを訪れた。

すずは、券売窓口に座る私を見て、「あっ！　とろろそばのおねえさんだ！」と、はしゃいでいる。

そんな親子の姿を見ていたら、改めて実家のことを思い出した。

私は今まで「小さなラーメン屋の娘」というレッテルを、はがすことばかり考えていた。

しかし、すず親子に出会い、目の前のゲストを信じることを教えられたのと同時に、自分が生まれ育った環境を改めて見つめたいと思った。

金田が言っていた「成長の種」が、本当に私の中に植え込まれているのかどうかを、ちゃんと確かめたい。もしあるとしたら、それがどんな種なのかを私はこの目で確かめたい。

その思いは、日に日に強くなっていた。


そして、ようやく取れた3連休を使って、私は富山の実家へ帰ることにした。

夕方には到着することを目指し、午後1時に家を出た。

あまり早く着くと、店は仕込みをしていて忙しい。逆に遅い時間だと、深酒《ふかざけ》した客が訪れることもあり、再会どころではなくなる可能性もある。

バスと飛行機を使い、4時間ほどの移動を経て、予定通り夕方に富山駅へ着いた。

まだ2年しか経っていないのに、もうずっと来ていなかったかのような、そんな感じがする。

本来なら、久々の帰郷に懐かしさを感じるのだろうが、今の私には緊張感しかない。

勢いで富山まで帰って来てしまったが、いったいどんな顔をして実家に入ればいいのだろう。

店の外階段から2階の自宅へ直接入ることもできるが、私はいつも店から出入りしていた。当時と同じように、店から入った方がいいだろうか……。

飛行機の中でそんな些細なことを考えつつ、結局どうするかは決まらなかった。

富山駅からは、バスで北へ30分。バイパスを越え、小さな境川に面したバス停で降り、そこから10分ほど歩くと、「ラーメン」とだけ書かれた赤いのれんが見えてくる。

しかし、細くまっすぐな1本道を進めど、見慣れた赤いのれんが見えてこない。

店の目の前まで来ると、外観は何も変わらないものの、やはりのれんが出ていない。

もしかして、私が家を出たあとに店をたたんでしまったのだろうか。

いや、いくらなんでもそれなら母が連絡をくれるはずだ。

この2年、何も知らせがなかったのは無事な証拠だと思っていたが……。

高まる緊張感の上に、大きな不安が重なった。

私は、恐る恐る右にスライドする戸を引いた。すると、醤油とゴマ油の混じった何とも言えない懐かしい匂いがする。

ただ、徐々に見えてくる店内の光景に、私は自分の目を疑った。

ビールのポスターや、常連からの土産物が飾ってあった頃の光景とは打って変わって、店内はミッキーのポスターや人形が飾られてあり、さらにはオルゴール調のディズニー音楽まで流れているのだ。

私は、手にしていたバッグを落としそうになるほど、全身の力が抜けた。

「江美ちゃん……？」

聞きなれたその声は、カウンターにポツンと座ってビールを飲んでいる常連客の斉藤だった。

斉藤は、私が生まれた頃からこの店に通っている。

折り紙を切り刻んで作ったチャーハンなど、食べたフリをしてくれるのはいつも斉藤の役割だった。

「斉藤さん……お久しぶりです」

「『お久しぶりです』だなんて、やめてくれよぉ、なんだか赤の他人みてぇじゃねぇか」


私がこの家を出たことも、もちろん斉藤は知っているだろう。

調理場に視線をやると、父を探しているのを察した斉藤が「おやじさんは出前の配達、おかみさんは町内会の会合に行ってるよ」と言った。

「ごめんなさい……相変わらずお客さんに店番させてるのね」

「いいんだよ、それがここの良いところなんだから」

そして優しい眼差しで「おかえり、江美ちゃん」と言ってくれた。

この「おかえり」が、なんだかとても心地良かった。

私は、店内が変わったことや、のれんが出ていないことについて斉藤に聞いた。

「ねぇ、斉藤さん。いつからこんなふうになったの？　しかも、どうしてのれんがないの？」

「ああ、ミッキーちゃんたちのことかい？　店内がこうなったのは、江美ちゃんが東京へ行ってすぐだよ。のれんがないのは、店内にふさわしくないから取ったんだとよ。まぁ、ほとんどが常連だから、あってもなくても変わらんがね」

「……！」

「うちの娘はあのディズニーランドで働いているんだぞって、初めて来る客に必ず自慢してるんだよ。こっちは耳にタコができてるけどさ」

「そんな……そんなわけないよ。だって、私が上京することに猛反対してたんだから……」

「江美ちゃん、本気でそう思ってるのかい？」

「え……？」

「おやじさんは、わざと反対したんだよ」

「……！」

「田舎育ちの娘が1人で東京に行くなんぞ、親を振り切って行くくらいの覚悟がないと、すぐに泣いて帰って来ちまうからね。江美ちゃんに内定通知が届いた時、おやじさんも心の中でバンザイしてたんだよ」

「……でも……もし泣いて帰って来てたら、お父さんはどうしたんだろう」

「泣いて帰って来たら？　そんなこと、おやじさんは疑ってないよ。心底江美ちゃんを信じてたから。江美ちゃんなら、必ず夢を叶えられるって信じてたからこそ、わざと反対することができたんだよ」

斉藤から父の真相を聞き、私は改めて店内を見渡した。

そして、この光景がすべての答えだと思った。

信じてくれている人がいるから、私は夢を叶えることができたんだ。

父の愛が込められているこの店で育ったことを、私は心から誇りに思った。

すると、カラカラと戸を引く音と共に、出前の配達へ行っていた父が戻ってきた。

父は、私の顔を見て一瞬止まった。

そして、照れくさそうに「おかえり」と言ってくれた。


「ただいま……お父さん」


そうだ、すずの店で感じた「うちと似ている雰囲気」は、帰ってきたかのような懐かしさと、安心できる居場所のような心地良さが似ていたのかもしれない。

店内の装飾やメニューなどではなく、「また来てくれる」と信じ、待ち受けてくれている人の「心」が似ているんだ。

出前から戻った父は調理場へ行き、お客さんが食べ終わった食器を洗い始めた。

黙々と洗い続ける父は、うっすらと目に涙を浮かべていた。

私は、手にしていた荷物をカウンターの下に置き、斉藤の横に座った。

カウンターの向こうにいる父は、洗剤のついた手をタオルで拭くと、グラスを手に取り私の前に置いた。

斉藤は、飲みかけの瓶ビールを私のグラスに注ぎ、自分のグラスをカチンと当てて、「看板娘との再会に乾杯」と言った。

そしてビールをコップ半分くらいまで飲むと、ズボンのポケットから財布を取り出し、その中から色あせた古い紙を出してきた。

「江美ちゃん、このチケットに有効期限はあるのかい？」

斉藤が差し出してきた古い紙には、手書きで『ディズニーランド　入園券』と書いてある。

じわりじわりと、記憶がよみがえってきた。

学校で配られたプリントをチケットの大きさに切り、その裏に油性のマジックで『ディズニーランド　入園券』と書いている自分の姿が、脳裏でよみがえった。

「いつか夢が叶ったら、本物と交換してあげるね」と言って斉藤に渡した、あの時の手作りチケットだ。

斉藤は、その夢が必ず叶うと信じ、色あせるまで持ち続けていてくれたのだ。

すると、コップに入っている残りのビールを一気に飲み干した斉藤は、優しい声でこう言った。


「江美ちゃんは、世界一の看板娘だよ」


信頼という名の「成長の種」を、私は確かにもらっていた。

金田が言っていた通り、サービスの神様である「お客さん」から、愛情のこもった成長の種をたくさんもらっていたのだ。

本当の一流とは、お店が大きいとか小さいとかじゃなく、お客さんと絆を築ける関係になれるかどうか……ということなのかもしれない。

ゲストに「おかえりなさい」と言えるようなキャストこそが、一流なのかもしれない。

私は、実家に帰るきっかけとなった、すず親子との出会いに心から感謝した。

ディズニー
ランド
入園券

空になった斉藤のグラスに、私はなみなみとビールを注ぎながらこう言った。

「お待たせしました。世界一元気が出るビールでございます」

斉藤は、コップに注がれたビールを一気に飲み干し「あー、生きかえった」と言った。

＊＊＊＊＊

富山から戻ってきた江美は、前よりも一層券売窓口の仕事に励《はげ》んでいる。

自分が生まれ育った環境を、改めて見つめ直したことで、「サービスの原点は信頼関係にある」ということを確信したという。

そして、今では一人一人のゲストを「おかえりなさい」と言わんばかりの明るい笑顔で、迎い入れるようになった。

ゲストを心からもてなすその姿勢は、他のキャストにも大きな刺激を与えているようだ。

そんな彼女を見て、僕はウォルトのこんな言葉を思い出した。

『想像の世界を現実化した世界、ディズニーランドのテーマショーによって、ゲストは幸福の源泉となる無垢な心を呼び起こされます』

ウォルトが、ディズニーランドという夢のテーマパークを現実化できたのは、大衆の幸福を優先し、「誰もが平等な空間を作ることができる」と信じていたからである。

そして、周囲も彼の思い描く世界を共に創りたいと願い、創れると信じた。

そんな夢の国に訪れた人たちは、人に対する優しさ、楽しさ、喜びに触れ、他の人を幸せにしてあげようという気持ちも湧いてくるという。

キャストがゲストを信頼することにより、ディズニーランドは「善が引き出される場所」となったのだ。

――2年後――

1992年　春

あれから2年の月日が流れ、希望を抱く社員たちの意欲に応えるべく、僕は日々教育指導を務めている。

そして、いつものように社員たちの指導を終え、西日が差し込むデスクに戻ると、1通の手紙が置かれてあった。

封を裏返し、差出人を見ると……その名は、かつてディズニーランドの全キャストの心を1つに結んでくれたゲストからの手紙だった。

あの時のことは、ただの一度も忘れたことはない。

常識では考えられないあのような状態で、まさか本当にパークを訪れたとは……。

あの時のことを、僕は今でも鮮明に覚えている。

【第4話】へ続く

第4話

希望のかけ橋

1988年　6月20日

ディズニーランドが開園されて5年目。

この日は、太陽こそ顔を出していなかったものの、初夏を感じさせる暖かな日だった。

当時、デイカストーディアル（開園中の清掃員）の責任者を務めていた僕は、1人でも多くのゲストに「最高のサービス」を提供することを心がけていた。

他のキャストも、効率良くパーク内を回るなど、ゲストに素敵な思い出を作ってもらうため、それぞれが精を注いでいた。

しかし、ある1本の電話により、僕たちは「本当のサービス」を知ることとなった。

午後3時32分。

ゲストからの声や問い合わせを一番に受ける部署・ゲストリレーションに、1本の電話がかかってきた。

「あの……つかぬことを伺いますが、ベッドに寝たままの状態で入園することは可能ですか？」

その電話は、ディズニーランドから1㎞ほど離れたところにある病院からだった。

余命を宣告された12歳の男の子の母親が、「ディズニーランドへ行きたい」と言っている息子の夢を、叶えてやりたい……という。

テレビや雑誌を通じて、にぎやかなパークの様子を目にした男の子が、入園することを夢にまで見ているとのこと。

母親は、その夢を叶えてあげるため、無理を承知で相談してきたとのことだ。

翌朝、各部署の代表が集まるミーティングにて、昨日ゲストリレーションにかかってきた電話のことが報告された。

反対する人、受け入れようとする人、意見が2つに分かれる中、やはり「もしも」の時のリスクを考えると、断るべきだ……という声の方が多い。

そんな中、ショップ代表の牧野が、遠慮がちに胸の位置で手を上げ、発言した。

「シビアなことを言うようですが、ディズニーランドの世界感を維持するためには、同じように資金も維持しなくてはなりません。そのためには、ゲストの回転率を上げる必要があります。今回の申し出を受けることによって、同じような事例が増えてしまうと、効率的ではなくなると思うのですが……」

牧野の発言は確かにシビアだが、もっともな意見だとも思った。

すると、運営部門代表の大久保が、僕に意見を求めてきた。

「金田さんは、キャストと触れ合うことが多いカストーディアル（清掃部門）として、どう思いますか？　どう考えても、余命を宣告されているゲストを迎い入れるなんて、無理だと思いますよね？」

皆の言い分はわかるが、息子の夢を叶えたい一心で電話をしてきた母親の願いを、「無理」と一言で決めつけていいものだろうか。

しかし、ゲストの身の安全を守ることも、僕たちの仕事である。入園する前から身の危険を伴うと分かっているゲストを、安易に受け入れることができないのも事実だ。

「皆さんが反対するお気持ちは、よく分かります。僕も、その男の子を受け入れることは、非常に危険なことだと思います。ただ、回転率や効率を優先する前に、一度、

お母様と息子さんの気持ちになって、考えてみませんか？」

「それは、受け入れるということですか？」

「いや、今ここで結論を出すのではなく、まずは『何ができるか』を提案し合ってみるのはいかがでしょう」

「……」

「難しいことを『できない』と言ってしまうのは簡単ですが、本当にそれでいいのかな……と」


僕は、自信がなかった。

ほとんどのキャストが反対しているように、どう知恵を絞っても、出てくるのはリスクだけだからだ。

各部署の代表が知恵を絞り合ったとしても、それは同じだろう。ベッドに寝たままの男の子を受け入れることなど、不可能なことは分かっている。

僕は、男の子の母親の真意をちゃんと確認したいと思った。

「ひとまず、お電話くださったお母様に直接会ってみるのはどうでしょう」

すると、救護室の奥田がこう言った。

「会ってしまうと、先方は期待されるのではないでしょうか?」

確かに、その可能性は大きい。

しかし、このまま電話1本で「受け入れることはできませんでした」と伝えることもできない。いや、してはいけない気がした。

その気持ちを皆に伝えると、それについては皆大きくうなずいてくれた。

早速、電話をかけてきた男の子の母親に、面会した上で検討させていただく形を取らせていただきたい……とお伝えすると、本日の夕方にご来訪くださるとのこと。

やはり、男の子の容態はかなり深刻な状態なのだろう。

1日たりとも時間を無駄にしたくないという思いが、ひしひしと伝わった。

「それでは、午後6時にお待ち申し上げます」と伝え、僕は受話器を置いた。

そして、この日の出会いにより、僕は〝サービスの神様〟から初めて大切なことを教えられるのだった。

＊＊＊＊＊

午後6時ちょうど、ゲストリレーションに電話をかけてきた男の子の母親が訪れた。

母親と面談するのは、ゲストと接する機会が多いカストーディアル部門の僕と、ゲストをどうサポートするかを決める運営部門の大久保とで対応することとなった。

「このたびは、無理なお願いを申し上げたにもかかわらず、このようなお時間を作っていただき、ありがとうございます」

落ち着いたグリーンのカーディガンを羽織った母親は、会議室のソファーに掛ける寸前にそう言った。

品のある顔立ちとはうらはらに、髪は無造作に束ねられ、見るからに疲れている風貌だ。

すると、母親が、てのひらサイズのアルバムを出してきた。

「これは、息子の雅人です。先月12歳になりました」

僕は、てのひらサイズのアルバムを受け取り、1ページ目をめくった。

そこには、元気な雅人が、笑顔で自転車に乗っている姿が写っていた。

次のページを開くと、今度は大きなプールで泳いでいる。両手でピースしている写真もある。

しかし、次のページから雅人の背景は変わった。

太陽の光を感じない病院の室内にて、ベッドの上でピースをしているものの、その表情は前のページとはあきらかに違った。

アルバムのページをめくるたび、1枚1枚表情に陰りが出てきて、その変化は誰が見ても瞬時に分かるほどだ。

目の下はくぼみ、頬はこけ、1ページ目の写真と比べると、まるで別人と言える。

すべてのページをめくり終えたところで、雅人の母はつぶやいた。


「考えられないんです……」

「……」

「笑顔のないあの子なんて、考えられないんです……。元気で、明るくて、友達に愛されていて……それが、まさかこんなふうになるなんて……」


雅人が12歳の誕生日を迎える1カ月前、強い頭痛と共に嘔吐《おうと》を繰り返し、母親はすぐに病院へ連れて行ったという。すると、検査の結果、脳に腫瘍《しゅよう》があることが判明した。

しかも、腫瘍は非常に手術困難な場所にあり、10万人に1人の割合で発生するという珍しい症例とのことだ。

統計上のデータでは、生存率がわずか10％にも満たない……と。

声をつまらせながら真実を語る母親を、僕は見ていられなかった。

綿の手さげバッグから、ハンカチを取り出した母親は、涙をぬぐいながら雅人の現況を伝えた。

手術は可能だが、非常に困難で大きなリスクを伴う上、腫瘍を取り除けても重い後遺症が残る可能性があるという。

そんな説明を聞いてしまった雅人は、手術を怖がり「受けたくない」と言い続けていた。しかし、テレビや雑誌を通じて、にぎやかなディズニーランドの様子を目にした雅人は、「ディズニーランドに連れて行ってくれたら、手術を受けてもいい」と言ったそうだ。その言葉に希望を感じた両親は、雅人に手術を受けてもらうため、どうにかしてその願いを叶えてほしい……という思いで、電話をかけたとのことだ。

僕は、心底どうにかしてあげたいと思ったが、正しい答えが見つからない。他のゲストに迷惑をかけず、雅人を受け入れることなどできるのだろうか。

自問自答をしていると、一通りの事情を聞いた運営部門の大久保が、言葉を選びながら本題を切り出した。

「お母様のお気持ちは、お察しします。ただ、我々にはゲストの安全を守る責任があるんです。雅人君の安全を守るためにも、安易に受け入れることはできないんです。それに、もしものことがあったら……その……」

雅人の母は、言われることを覚悟していたかのように、大きくうなずきこう言った。

「リスクが大きいのは重々承知の上、このように無理を申し上げております。仮に、息子にもしものことがあっても、皆さんを責めるようなことは絶対に致しません」

「そう言われましても……」

「お願いします。パークの中を1周させていただくだけでも構いません。いえ、入園させていただくだけでもいいです。どうか、唯一の希望の道をふさがないでください」

僕と大久保は、顔を見合わせた。

もちろん、叶えてあげたい気持ちはあるが、反対していた多くのキャストのことを考えると、正直、説得できる自信がなかった。

すると、雅人の母親は核心をつく言葉を放った。

「あなた方にとって雅人は、何万人に1人のお客に過ぎないかもしれません。でも、あの子にとってのディズニーランドは、一生に一度の夢の国なんです」

「一生に……一度？」

僕は、ショップ代表の牧野が言っていた、シビアな意見を思い出した。

ディズニーランドの世界感を維持するためには、同じように資金も維持しなくてはならない。このような事例が増えてしまうと、ゲストの回転率が下がり、効率的ではなくなる……と。

あの時、「確かにそうかもしれない」と僕は思った。

しかし、その共感は間違っていた。

最高のサービスとは、たくさんの人を幸せにすることだと思っていたが、多くの人を幸せにするためには、まず目の前の人を笑顔にしなければいけないんだ。

僕たちは、目の前の人のことを飛び越し、「次の人」のことばかり考えていた。

そんな気持ちでゲストに接しても、幸せにすることなどできるはずがない。

回転率や効率を優先することは、「結果」の先走りなのだ。

安全を守るためにも……だなんて、言い訳ばかりしていた。

「できないこと」に言い訳を重ねるのではなく、「できること」をどう形に表すか。

目の前にいるこの人の願いを叶えることが、僕たちがするべき「真のサービス」なのだ。

僕と大久保は、顔を見合わせた。

それは、さっき見合わせた時のように、眉間にシワを寄せた顔ではなく、希望の道をつなぐ同志の顔だった。

そして、僕は力強くこう言った。

「分かりました。雅人君の入園につきまして、全力でサポートさせていただきます」

雅人の母親は、声をつまらせながら「ありがとうございます。ありがとうございます」と言っていた。

応接室を出る際も、何度も何度も頭を下げ、部屋をあとにした。

母親をお見送りしたあと、大久保は不安そうな声で僕に話しかけてきた。

「金田さん……、大丈夫でしょうか？」

「何がですか？」

「いや、僕らだけの判断でお引き受けしてしまいましたが、他のキャストたちは賛成してくれるでしょうか？」

「そうですね……、確かに反対意見は多かったですが、ゲストを大切に思うからこその判断だったんだと思います。だから、僕たちが働くディズニーランドに、命がけで来たいという人がいる……ということを真剣に伝えれば、皆きっと分かってくれると思いますよ」


そして僕らは、翌朝のミーティングにて、雅人の母親と交わした面談の内容をキャストたちに報告した。

お借りした雅人のアルバムを皆に見せ、たった12歳の少年が病魔と闘っているという現状と、わずかな可能性を信じ、希望を捨てずにゲストリレーションへ電話をかけてきた母親の気持ちを、懸命に伝えた。

僕たちが一致団結することにより、希望の橋をかけることができる……と。

サービス業に携わる僕たちの「仕事」は、そういう仕事なのだ……と。

僕と大久保の顔を見るキャストたちは、皆深くうなずいていた。

シビアな意見を持ち、雅人の受け入れを最も反対していたショップ代表の牧野も、目を真っ赤にしながら、皆と同じように深くうなずいていた。

もはや、そこに反対する者は1人もいなかった。

そして雅人を迎い入れるのは、最短の「2日後」に決まった。

命がけで来るゲストのために、僕たちは出来る限りのすべてを注ぐことを誓った。

＊＊＊＊＊

雅人の母親が訪れた翌日、僕たちは雅人を迎い入れるための準備を1日で行った。

まず、救護部門は、「ベッドに寝ている状態」に近い車椅子はないか、雅人が入院している病院と相談のうえ、理想的なものを用意した。

フード部門は、雅人が食べられるものを用意できるレストランから、各メニューを取りそろえてくれた。

ショップ部門は、あらかじめ雅人のお気に入りの商品があるお店を調べておき、時間の短縮を図った。

セキュリティ部門は、雅人が行きたいところのリストを事前に預かり、いかに負担をかけることなく、最短距離で行きたい道をすべて通れるかを考え、配備されたキャストとの連携を図った。

また、万が一の時のため、病院の指示により、パークの外には救急車が待機した。

雅人の医師は、当初、外出することを渋っていたが、「全責任は親である自分たちが取ります！」という雅人の母親の強い決意に心を動かされ、看護師も1人付き添ってきてくれるなど協力してくれた。

僕たちは、小さな希望の光を輝かせるため、キャスト全員が一丸となり、万全の態勢を取った。

そして、その翌日。

雅人は、救護部門が用意してくれた車椅子に乗り、ディズニーランドを訪れた。

抗がん剤によって抜けた髪をカバーするかのごとく、頭には黒いバンダナを巻いている。

痛みを和らげるため、強度の鎮痛剤を打ってから来たという雅人は、どことなく緊張しているかのようにも見えた。

僕は、雅人の顔と同じ高さまでしゃがみ、握手を求めた。

「はじめまして。本日、雅人君の案内係をさせていただく金田です。よろしくね」

緊張しているように見えた雅人だが、僕の手を取ると、「よろしく！　金田さん」と笑顔を見せてくれた。

そして、パークの中へ入ると、雅人はさらに笑顔となり、身を乗り出して辺りを見回している。

その表情は、母親に見せてもらったアルバムの1ページに映っていた、あの時の雅人だった。

キラキラとした瞳で、ミッキーに手を振り、そして手をつなぎ、ほほえみ合い、その一瞬は、おそらく病魔と闘っていることも忘れることができたのだろう。

雅人の母親は、そんな光景を見て涙を浮かべている。

どこか遠くへ行っていた我が子と、久々の再会を果たしたかのような、安堵《あんど》の喜びに溢れた顔で雅人を見つめている。

僕は、2日前のことを思い出した。

落ち着いたグリーンのカーディガンを羽織り、髪は無造作に束ねられ、希望のかけらを拾い集めるかのように、必死で僕たちを説得していた2日前のこの人を……。

雅人の母親に出会わなければ、僕はこの先もずっと「空回りな回転率」と「先走りの効率」を優先していた。

目の前のゲストと向き合わず、難しいことを「できない」と決めつけるようなキャストになっていたことだろう。

すると、ショップ部門が用意してくれた買い物スペースにて、ミッキーの耳のカチューシャをした雅人が「金田さん！　見て見て！」と言った。

「ほら、髪の毛がないから本当のミッキーみたいでしょ！」

冗談混じりの雅人の言葉に、笑い声が湧いた。

付き添ってきた看護師は、「こんなに生き生きとした雅人君は、初めて見た」と言っている。ましてや、鎮痛剤を打って来ているという現実すら、忘れさせられる。

雅人の明るさと笑顔は、人を幸せにする力があるのかもしれない。

母親が「笑顔のないあの子なんて、考えられない」と言っていたが、雅人は本当に笑顔の似合う男の子だ。

もしかしたら、ディズニーランドは、「本当の姿」が引き出されるところなのかもしれない。

キャストが一丸となることで、「あるべき姿」を引き出すことができるのかもしれない。

僕は、この一瞬を忘れない。

そう心に誓った。

そして、雅人が行きたいところをすべて回り終え、最後に皆で写真を撮ろうということになった。

専用の車椅子を用意してくれた救護部門、雅人が食べられるものを用意できるレストランから、各メニューを取りそろえてくれたフード部門、あらかじめ雅人のお気に入りの商品があるお店を調べておいてくれたショップ部門、雅人に負担をかけることなく、最短距離で行きたいところすべてを回ることを考えてくれたセキュリティ部門、雅人と共に病魔と闘っている看護師、そして、雅人の夢を必死で叶えようとしてくれた母親……。

僕たちはハブ（パーク中央の広場）の真ん中へ行き、シンデレラ城をバックに写真を撮った。

すると、その周りに植えられているオリーブの木を見て、雅人がこう言った。

「潮風《しおかぜ》に当たったら、木が枯《か》れちゃうよ」

「雅人君は、優しいんだね。でも大丈夫だよ。オリーブは潮風に慣れている木だから、強くたくましく育つんだ」

「いいなぁ、僕もオリーブみたいに強くたくましくなりたい……」

「雅人君は、強いじゃないか。大人だって逃げたくなるような病気と闘ってるんでしょう？　僕は、すごく強いと思うよ」

「そうかなぁ、でも不公平だよ」

「不公平？」

「だってさ、病気じゃなかったら、ディズニーランドに何回も来れるのに……」

雅人は、心のどこかで命の灯が消えかかっていることに気づいているのだ。

誰が教えたわけでもなく、未来への距離に不安を感じているのだ。

そして帰る時間が近づいたことによって、「不安な現実」に引き戻されたのだろう。

雅人の笑顔が、再び消えかかっていた。

僕は、このまま雅人を病院へ帰したくなかった。どうにか雅人の不安を取り除いてから帰ってもらいたい。

何よりも「必ずまた来るんだ」という強い意志を、心の底から持ってほしい。


「雅人君、とっておきのアトラクションに乗ろうか」

「え?」

「ディズニーランドは、誰でも平等になれる場所なんだよ。その証拠に、イッツ・ア・スモールワールドというアトラクションの最後は、世界中の人形たちがそれぞれの国の衣装を脱ぎ、みんなで真っ白い衣装を着ているんだ」

「平等になれる場所……?」

「ああ、そうさ。平等になれるディズニーランドに、雅人君は来れたんだ。誰もが絶対に無理だと思っていた状態で、きみは夢を叶えることができた。それだけでも、すごいことだろう? だから、ディズニーランドは平等になれる場所なんだってことを、雅人君自身の目で確かめれば、大きな希望が持てると思う。希望があれば、きっと病気に立ち向かう勇気が湧いてくるだろう」

すると、雅人に付き添ってきた看護師が、「予定ではもう病院に帰る時間です」と反対してきた。

確かに帰りの時刻は迫っていた。それに、今からアトラクションに乗ることは、雅人の身体に負担をかけてしまうかもしれない。

しかし、このまま帰してしまっては、ディズニーランドに来たことが「最後の思い出」として、雅人の心に刻まれてしまう。

雅人自身が希望を持たなければ、これから挑む大きな手術に、負けてしまうかもしれない。

そうは言っても、手術に挑む体力すら失われてしまっては元も子もない。

毎日雅人と接している看護師の判断に任せるしかない。

「いいえ、お願いします。雅人をそのアトラクションへ連れてってやってください」

力強く、そして優しいその声は、雅人の母親だった。

「たとえわずかな可能性でも、この子の希望につながるのであれば、どうかお願いします。連れてってやってください」

雅人の未来へのかけ橋が、どんなに細いかけ橋だとしても、「絶対に渡れる」と母親は信じているのだ。そして、雅人自身にも信じてもらいたいのだ。

その思いは看護師にも届き、最善の注意をはらいつつ、あと1つだけ乗ることを許可してくれた。

僕たちは、雅人と共にイッツ・ア・スモールワールドへ向かった。

乗り場まで着くと、事前に連絡を受けていた担当キャストが待っていてくれた。

そして、僕が先にボートへ乗り込み、続いてゆっくりと雅人が乗り込んだ。雅人の細い肩をしっかり抱きしめると共に、ボートは希望の旅へ出発した。

イメージソングの「小さな世界」を聴きながら、水の上を静かに進むその空間は、まるで夢の国へ導いていてくれているかのようだ。輪になって踊っている子ども、アイススケートをしている子ども、足並みそろえる兵隊、空に浮かぶ月の上で演奏している子ども……人間も、動物も、植物も、時の流れを感じさせない平等の空気に、僕らはすっぽり包まれた。

数分間の水の旅を過ごし、いよいよ最後のトンネルをくぐると、カラフルな衣装を着ていた人形たちは、一斉に真っ白い衣装へと衣替えしていた。

メリーゴーランドに乗る子どもたちも、観覧車に乗る子どもたちも、陽気に踊る子どもたちも、心がつながれているかのように、みんな真っ白い衣装をまとっている。

そして、世界中の子どもたちの歌声を、僕と雅人は心を1つにして聴いた。

世界中　どこだって
笑いあり　涙あり
みんな　それぞれ　助け合う
小さな世界

世界はせまい　世界は同じ
世界はまるい　ただひとつ

世界中　だれだって
ほほえめば　なかよしさ
みんな　輪になり　手をつなごう
小さな世界

世界はせまい　世界は同じ
世界はまるい　ただひとつ

IT'S A SMALL WORLD
Words and Music by Richard M.SHERMAN and Robert B.SHERMAN

「日本語詞：若谷和子」


もしかしたら、幸せの数はみんな同じなのかもしれない。

それに気づかず暮らしているだけで、本当は、笑顔の数も、涙の数も、みんな同じなのかもしれない。

ディズニーランドは、そのことを気づかせてくれる場所なのだ。

雅人は、辺りを見上げてこう言った。

「僕……、これが最後なんて嫌だ」

「……」

「ここに来るのが、今日で最後なんて絶対に嫌だ」

僕は雅人を抱きしめ、「絶対にまた来られる」と言った。

心の底からそう思った。


イッツ・ア・スモールワールドを出ると、ほんのりとした夕焼けが、空を染めていた。

僕たちは、明日を迎えることを当たり前だと思っている。

「おはよう」と朝を迎えることも、笑顔で記念撮影することも、夕焼けが空を染めることも……。

一日一日を大切に生きている雅人は、それらすべてが「素晴らしいこと」だと知っている。

そんな雅人と、雅人の夢を必死で叶えようとした母親から、僕は大きな「成長の

種」をもらった。

目の前のゲストと向き合い、キャストが一丸となることで、生きる希望を与えられる。共に希望を感じることで、当たり前のことが素敵なことだと感じることもできる。

僕は、雅人親子からもらった成長の種を、絶対に枯らすことなく育て続けようと思った。

待機していた救急車が出動することもなく、雅人は無事に1日を楽しんだ。

出口のゲートの前では、僕に「はい、これは金田さんの分」と言って、おそろいのミッキーのキーホルダーをくれた。

「またおいで」

「うん、絶対来る」

「ああ、絶対だよ」

雅人の「絶対」という言葉に、僕は勇気づけられた。

そして、必死の思いでゲストリレーションに電話をかけてきた母親に、僕たちキャストは声をそろえて挨拶をした。

「またのお越しを、心よりお待ちしております」

それから1カ月の月日が流れ、雅人から僕に手紙が届いた。


「金田さん、キャストの皆さん。

この間は、僕のために色々な準備をしてくれて、ありがとうございました。

僕は、あの3日後に手術を受け、前よりは頭が痛くなることも少なくなりました。

でも、もう少ししたらまた手術をしなきゃいけないそうです。つらい治療もまだ残っているけど、それが全部終わったらディズニーランドに行っていいと先生が言っているので、僕はあきらめずにがんばります。

キャストの皆さんも、お仕事がんばってください。

絶対に行くから、僕の顔を忘れないでくださいね。

金田さん、イッツ・ア・スモールワールドに連れてってくれて、本当にありがとう。
それではまた！
雅人より」

僕は、涙が出るほど嬉しかった。
雅人との再会を想像しつつ、キャストの皆に手紙を見せて歩いた。
しかし、雅人から手紙が届いたのは、それが最後だった。

――４年後――

１９９２年　春
あれから４年の月日が流れ、僕は全社員の指導に関わる教育責任者を務めている。
あの時、雅人の母親がゲストリレーションに電話をかけてこなければ、僕は大切なことに気づかないままだったかもしれない。

『あなた方にとって雅人は、何万人に1人のお客に過ぎないかもしれません。でも、あの子にとってのディズニーランドは、一生に一度の夢の国なんです』という言葉が、胸の奥を刺激すると共に、キャストたちの心を1つにしてくれた。

そして、あれから4年が経った今、雅人の母親から僕宛てに手紙が送られてきたのだ。

あの日、一丸となって希望を抱いたことを再び思い返し、僕は封を開いた。

「金田様　キャストの皆様

拝啓

大変ご無沙汰しております。

その節は、本当にお世話になりました。

唐突にお電話を差し上げたにもかかわらず、心あるご対応を取ってくださり、感謝してもしきれません。

その後、お礼に伺いもせず申し訳ありませんでした。

あれ以来、一度もディズニーランドへは伺っておりませんが、出口のところで皆さまが『またのお越しをお待ちしております』と言ってくださったお言葉は、今でもはっきり覚えております。

大きな希望を与えていただき、重ね重ね感謝申し上げます。

月日の流れに身を任せてばかりの毎日でしたが、ぜひとも近々お伺いさせていただければと思っております。

また、このたびお手紙を書かせていただきましたのは、」

ここまで読んだところで、部屋のドアがノックされた。

「はい、どうぞ」と言うと、薄いグレーのジャケットを着た若い男性キャストが入ってきた。

「本日からパレードの案内係を務めることとなりました新人キャストの坂本と申します。先輩に聞きましたら、金田さんはこちらにいらっしゃるとのことだったので……」

「今、ちょっと……」

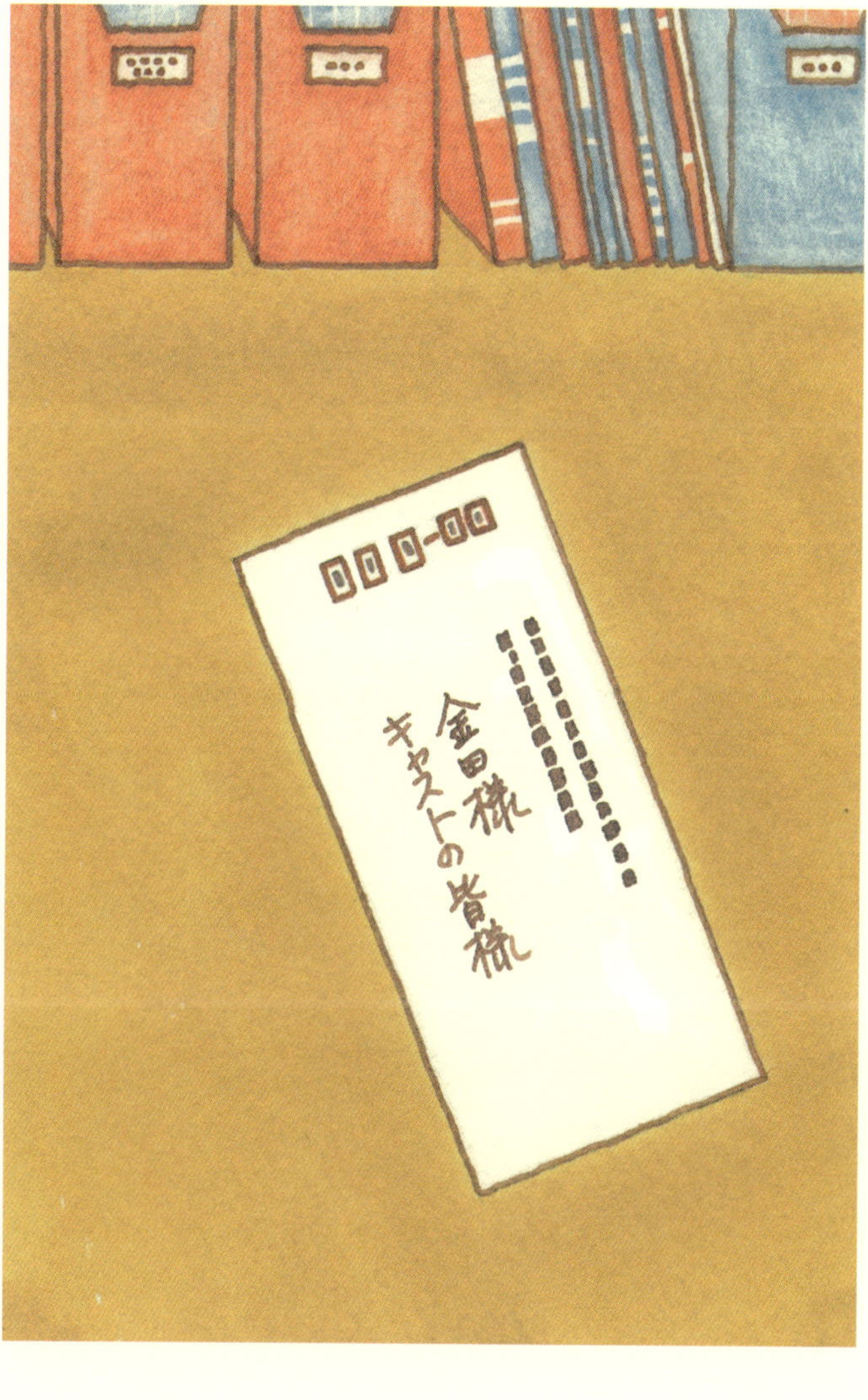
金田様
キャストの皆様

「あ、申し訳ありません。お取り込み中でしたら、後ほど改めてご挨拶に参ります」

背筋をピンと伸ばし、はきはきと礼儀正しい挨拶をする新人キャストは、まだ高校生だと思われる。

深々とおじぎをして、ドアを閉めようとしたその時、腰のベルトにミッキーのキーホルダーが付いているのが見えた。

「ちょっと待って」

「はい」

ふと見上げたその顔に、僕は見覚えがあった。

「きみ……、もう一度名前を聞いてもいいかい？」

「坂本です」

「下の名前は？」

「坂本……雅人です」

はにかみながら名乗った新人キャストは、あの日、命がけでディズニーランドを訪れた雅人だった。

僕は、夢でも見ているかのような気持ちになった。

雅人を奥へ招き、ソファーで向かい合って座った。

彼の話によると、その後何度かの手術を乗り越え、つらい闘病生活も耐え抜き、1年ほどで退院したという。

そして、脳腫瘍の再発を防ぐためにも、雅人の叔母が住んでいるカナダで3年ほど静養していたとのこと。

向こうの医師に、「日本の高校へ進学しても大丈夫」と言われ、今年の春、日本へ帰ってきたとのことだ。

この半年、何の問題もなく過ごしていることから、主治医よりアルバイトの許可をもらい、すぐさまディズニーランドへ応募したという。

雅人の母親から届いた手紙の続きを読むと、今、雅人から聞いたことが書かれてあった。

つまり、雅人がディズニーランドに勤めることとなったため、挨拶の手紙を送ってきてくれたのだ。

すっかり声変わりした雅人は、僕の目をまっすぐ見てこう言った。

「あの時、最後にイッツ・ア・スモールワールドに乗らなかったら、僕は苦しい治療に耐えられなかったかもしれません。なんで自分ばっかりこんな思いをしなきゃならないんだ……って希望を持てず、病気に負けていたかもしれません。でも、世界の子どもたちが真っ白い衣装を着ている姿を見た時、『ああ、僕が病気になったのは、不公平だからじゃなく、きっと神様が与えてくれた試練なんだ』って思えたんです。絶対に越えられる試練なんだって信じ続けられたから、僕は病気に勝つことができたんだと思います」

「希望」という形のない切符を手にした人は、時に、想像を超える力を発揮する。

そして、雅人もその1人なのだ。

雅人が試練を乗り越えられたのは、母親の必死な思いがあったからこそと言える。

母親が電話をかけてこなかったら、そして僕たちに成長の種となる言葉をかけなかったら、雅人に「希望」という切符が渡されることもなかっただろう。

初仕事へ向かう雅人は、ジャケットの襟《えり》をピッと正し、部屋をあとにした。


僕は、あの日のコースを歩かずにはいられなかった。

雅人と共に歩んだ希望の道を、僕はゆっくりと歩いた。

シンデレラ城をバックに、写真を撮ったハブの周りには、あの時よりも大きくなったオリーブの葉が茂っている。

この木と同じように、雅人も強くたくましく育ち、再び帰ってきてくれた。

希望を与えるサービスは、かけがえのない報酬となって返ってくるのだ。

そして、僕はウォルトのこんな言葉を思い出した。

『イット・テイクス・ピープル(It takes people)』

『人は、誰でも世界中で最も素晴らしい場所を夢に見、創造し、デザインし、建設することはできる。しかし、それを現実のものとするのは、人である』

ディズニーランドの美しい風景、楽しいアトラクション、それらはすべて「人」が作っている。

どんなに素晴らしい物も、すべては人によって作られ、そして人は人によって救われる。

僕たちは、キャストであると同時に、1人の「人」である。人としてゲストと触れ合い、人として共に楽しみ、人として喜びを分かち合う。

人と心を共有することで、「サービスを超えたおもてなし」を提供することができるのではないかと、僕は思う。

おわりに――ハピネス！　サービスの神様が届けたかったもの

『人は誰でも世界中で最も素晴らしい場所を夢に見、創造し、デザインし、建設することはできる。しかし、その夢を現実のものにするのは、人である』

――ウォルト・ディズニー

ディズニーランドは、現実を忘れさせてくれる「夢と魔法の王国」だと言われます。

パークの中に一歩、足を踏み入れた瞬間、まず飛び込んでくるのはキャストたちの咲き誇るような笑顔。キャラクターたちまでもが、表情をイキイキとさせているように見えてきます。

胸の中で鳴り響く期待と共に歩き出すと、いつしかすれ違うゲストもみんな笑顔であることに気づきます。

まるで、笑顔のパレード。仕事や学校、そして子育てでも、いつも何かに追い立てられるように大変そうな顔をして流れていく日常から考えれば、まさに〝魔法〟にかかっているといえるかもしれません。

けれども、私は思うのです。

ディズニーランドが魔法にかけられた「夢の国」でしかないとしたら、きっとゲストは、現実の世界に引き戻されるときに悲しくなるでしょう。ところが、実際は違います。多くのゲストはパークに入園したとき以上の、笑顔と幸福な気持ちを抱えて、それぞれの家路につくのです。

その秘密こそ、この本の中の4つの「物語」で描きたかったこと。

よく言われるようなディズニーのノウハウを超えた、人が人を想う気持ちから生じる本物のドラマは「物語」という姿を通してしか著せないものでした。

そう、私たちは、本当は誰もが誰かのために、魔法のような「特別な存在」になれるのです。ディズニーランドで働くキャストたちも同じ。彼らは、パークの1日が、どれ一つとして同じ1日ではないことを知っています。

何万人というゲストの、一人ひとりが過ごすパークの1日は「かけがえのない」もの。ある人には「大切な人との一生に一度の日」かもしれません。ある人には「ありふれた、でもずっと思い出に残る大切な休日」かもしれない。

だからこそキャストは、ゲストと触れ合う瞬間瞬間に、小さな宝物をプレゼントしようとします。7万人のゲストがいれば、7万人分のハピネスをそれぞれの仕事の中で作ろうとします。

そこにディズニーランドの『サービスの神様』があらわれるのです。

人は、それを「魔法」と呼んだり「夢」と呼んだりします。

かつて、ディズニーの創始者ウォルト・ディズニーは本気でこう言いました。


『この事業はお金儲けのためだけに始めたわけではない、愛のためにあるのだ！』

いま、このウォルトの言葉に心から共感できる人は、どれだけいるでしょう。理想論にすぎると一笑に付されてしまうのでしょうか。

でも、と私は考えます。「人と人が作り出す大切な宝物」を必要ないと思ったり、ファンタジーの世界でしかないと心から言い切る人など、本当はいないのだと。

誰もが、心の中では、無条件に笑い合える場所、誰かのためにやさしくできる時間を大切にしたいと本当は思っている。ただ、その機会がないだけなのです。

ウォルトは、そのことに気づいて、「人生の素晴らしさや冒険を大人と子どもが一緒になって経験することで、より幸せを感じる場所」として、ディズニーランドを作ったのです。

そして、キャストもゲストも、互いが「大切で特別な存在」であることを感じ、そこで手にした「温かい人間らしい気持ち」を、今度はまた他の誰かと触れ合う中で届けるのでしょう。

私は、いまでも思い出します。

キャストが出勤する早朝。パーク内では深夜勤務のナイトカストーディアルが、昇る朝日を浴びながら、路面にこびりついたガムの痕《あと》を懸命にそぎ落としている。

「私たちの仕事は、パークを浄化するだけでなく、人の心も浄化するんだ」

その姿を見たキャストは「想いのバトン」を受け取り、まだ見ぬゲストに届けたくなるのです。何度訪れても、毎回まっさらな感動があるパークの1日を。

この本の4つの「物語」は、そんな、作ろうと思っても作れないハピネスを毎日「当たり前のように」作り出しているキャストたちへの『サービスの神様』からの、ささやかな届け物。

その箱の紐《ひも》を、そっとほどいて〝人間賛歌で彩られた宝物〟を取り出すのは、そう、ディズニーの世界と人間を愛するみなさん一人ひとりです。

最後に、この本を著すにあたり、素晴らしいパートナーとなった瀧森古都さんの構想力に敬意を表すると同時に深く感謝したいと思います。さらには編集協力頂いた、ふみぐら社さん、夢のあるデザインに仕上げて頂いた長坂勇司さん、そして、今回もぬくもりのある素晴らしいイラストを描いて頂いた、あさのけいこさんにも感謝の言葉を届けさせてください。また前作に引き続き、編集長の吉尾太一氏の誠実な対応にも大いに励まされました。

この本は、5人の想いが形になったと言っても良いほどのものだと思っています。さらに弊社のスタッフ（徳源秀・白石照美両氏）のアドバイスも大いに助けになりました。心から「ありがとう！」と言いたいと思います。

そして、この本を手にとって頂いたみなさんに、これからもたくさんのハピネスが届けられることを願って。

参考文献等

『ウォルト・ディズニー 夢をかなえる100の言葉』（ぴあ）
『ウォルト・ディズニーの言葉』（ぴあ）
『ディズニーが教えるお客様を感動させる最高の方法』（ディズニー・インスティチュート著／月沢李歌子訳・日本経済新聞出版社）
『ディズニーの絆力』（アスコム）

※本書における「サービス」とは、いわゆる「心のこもったおもてなし、気配り」の意味で使用しています。昨今、ビジネスの分野では「ホスピタリティ」という用語も定着しておりますが、本書はビジネスパーソンのみならず、学生や主婦の方など、幅広い読者を対象としていることから、より一般的な「サービス」という用語にて統一しました。また、本書は筆者自らの経験に基づいて創作された物語であり、実在の人物・団体とは関係がありません。

鎌田 洋（かまた ひろし）

1950年、宮城県生まれ。商社、ハウスメーカー勤務を経て、1982年、(株)オリエンタルランド入社。東京ディズニーランドオープンに伴い、初代ナイトカストーディアル（夜間の清掃部門）・トレーナー兼エリアスーパーバイザーとして、ナイトカストーディアル・キャストを育成する。その間、ウォルト・ディズニーがこよなく信頼を寄せていた、アメリカのディズニーランドの初代カストーディアル・マネージャー、チャック・ボヤージン氏から2年間にわたり直接指導を受ける。その後、デイカストーディアルとしてディズニーのクオリティ・サービスを実践した後、1990年、ディズニー・ユニバーシティ（教育部門）にて、教育部長代理としてオリエンタルランド全スタッフを指導、育成する。1997年、(株)フランクリン・コヴィー・ジャパン代表取締役副社長を経て、1999年、(株)ヴィジョナリー・ジャパンを設立、代表取締役に就任。著書に『ディズニー そうじの神様が教えてくれたこと』(SBクリエイティブ)、『ディズニーの絆力』（アスコム）がある。

ディズニー サービスの神様《かみさま》が教《おし》えてくれたこと

2012年7月2日　初版第1刷発行
2015年2月18日　初版第11刷発行

著者　鎌田 洋
発行者　小川 淳
発行所　SBクリエイティブ株式会社
〒106-0032　東京都港区六本木2-4-5
電話 03(5549)1201（営業部）

装幀　長坂勇司
イラスト　あさのけいこ
取材・構成　瀧森古都
編集協力　ふみぐら社
編集担当　吉尾太一
JASRAC　出1206079-201
組版　朝日メディアインターナショナル株式会社
印刷・製本　中央精版印刷株式会社

ISBN978-4-7973-6933-5